PRIX : 40 CENTIMES.   L. VIEILLOT, Éditeur, 32, rue Notre-Dame-de-Nazareth, à Paris   PRIX : 40 CENTIMES.

LES
PHOTOGRAPHIES COMIQUES

Délassement comique en 20 tableaux

PAR MM. ALEXANDRE FLAN ET ERNEST BLUM

MISE EN SCÈNE DE M. OSCAR

MUSIQUE DE M. GOURLIER — DÉCORATIONS DE M. E. FROMONT — COSTUMES EXÉCUTÉS PAR M. BRICARD ET Mme ALEXANDRINE
— MACHINES DE M. ACHILLE CARRÉ —

Au 1er acte, **LA ROSÉE**, polka-mazurka de M. GABRIEL MORRIS. — Après le 2e acte, **SATAN**, polka de M. GOURLIER.

REPRÉSENTÉ POUR LA PREMIÈRE FOIS, A PARIS, SUR LE THÉATRE DES DÉLASSEMENTS-COMIQUES, LE 2 AVRIL 1861

DISTRIBUTION DE LA PIÈCE

LES DÉLASSEMENTS, ARMIDE	MM. Oscar.
CASSANDRE	Mérigot.
LE COMPÈRE, LE PORTEUR D'EAU, PANTALON, GASTON, DEMONIUS	Vilfrid.
CRIQUET	Gothi fils.
L'INTENDANT, MONSIEUR RAMEAU, DUBREUIL, LE DIRECTEUR, BOUGON, LE CHIFFONNIER, SATAN, GODEFROID DE BOUILLON	Couder.
ESBROUFFINI, ARTHUR, GILLE, JULES, RENAUD DE MONTAUBAN	Houdin.
LE TAILLEUR, BERNARD	Félix.
LE RÉGISSEUR, L'INSPECTEUR	Alexandre.
L'INTENDANT, L'ABONNÉ	Hipolyte.
1er HUISSIER, MADRAS, 1er MACHINISTE	Muller.
2me HUISSIER, 2me MACHINISTE	Kahn.
1er SUISSE, 1er ALGUAZIL	Fondrier.
2me SUISSE, UN PAYSAN	Chapeau.
UN GARÇON, 2me ALGUAZIL	Chrétien.
UN DEMI HOMME-MONNAIE	Petit Amand.
LA PHOTOGRAPHIE	Mmes Henriette.
ÉMILIE, MADELON, ZIZINE, VIRGINIE, LE BALLET	Anna.
LA FANTAISIE, ARTHURINE, MARTHE	Mélanie.
MARGUERITE, LOULOUTTE, L'ESPÉRANCE, FARFADET, 1er GARDE	Adèle.
HÉLOISE, PAULINE, FRÉDÉRICQUE, LISETTE, L'ASTROLOGUE	Maria P.
L'OPÉRA-COMIQUE, 2me GITANA, VICTOIRE, CAROLI, NINON, AZARIELLE	Gérard.
3me GITANA, JOSEPHA (page), COLOMBINE, ALBERTINE	Alice.
ROSETTA, LICHONETTE (page), CLARISSE, MANON LESCAUT	Rose Fèvre.
LA COMTESSE, ASPASIE, MIRZA	
LE VAUDEVILLE, CASQUETTE, HERMINIE, LOLA MONTÈS, CAPITAINE DES GARDES	Hermance.
LE BALLET, 1re GITANA, LA REINE, MARGUERITA, PRETTY, BELZÉBUTH	Lemonier. Armand.
JULIETTE, ISABELLE, RIGOLBOCHE	
LE PARADOXE, CLARISSE (page), PIF-PAF, LAIS, 2me GARDE	Léona.
LE DRAME, BELOTTE, CLÉOPATRE, MARCHANDE DE MAIS	Clémence.
2me PAGE, PAMÉLA, JUEZ, DJINE, MARCHANDE DE TOMBECCHI	Cornélie.
LE TRUC, BRIGITTE, VIRGINIE, YELVA, ESTHER, BELPHÉGORE, JETÉ-BATTU	Claire.
LE TABLEAU, CORA, TARATA, ASMODÉE, MARCHANDE DE CALEVAS	Marguerite.
1er PAGE, GUILLERETTE, MARGUERITE GAUTHIER, LA POINTE, ADÈLE (page)	Léonie.
AGLAÉ, MARIETTE, LE BALLON	Juliette.
LE FLON-FLON, MIGNONNE, TAPAGEUSE, UN DIABLOTIN, L'ÉLÉVATION	Nathalie.
LE MOT-POUR-RIRE, FIL-A-VOILE, NAMOUNA	Mathilde.
LE COUPLET AU PUBLIC, MARCHANDE DE COUSCOUS	Gabriella.
UNE MARCHANDE DE PASTILLES	Alexandre.
NANETTE, THÉRÈSE	Bonheur.
UNE MENDIANTE	Blanche.

Gardes, Soldats, Peuple, Courtisans et Courtisanes.

PROLOGUE
—

PREMIER TABLEAU

LE PALAIS DES DÉLASSEMENTS

Décors splendides ; ameublement riche ; luxe inouï ; galerie au fond. — Quatre pages magnifiquement vêtus se tiennent dans la galerie. — Deux huissiers habillés à la française, culotte courte et chaine d'argent au cou, debout aux portes du fond. — Jour.

SCÈNE PREMIÈRE

L'INTENDANT, Quatre Pages, Deux Huissiers, Deux Suisses, Deux Heïduques, Autres Domestiques.

CHOEUR.

Air nouveau de Gourlier.

Douce surprise,
Terre promise !
Vrai paradis,
Où les plaisirs sont réunis :
Douce surprise,
Terre promise!
En ce séjour
Que chaque soir soit un beau jour.

L'INTENDANT, *au premier huissier.* Monseigneur, est-il visible?...

PREMIER HUISSIER, *au deuxième huissier.* Monseigneur est-il visible? (*Le deuxième huissier transmet la demande aux Suisses, ceux-ci aux heïduques, ceux-là aux pages; et la question se continue. Elle s'éloigne à la cantonnade, comme une transmission télégraphique.*)

PREMIER PAGE, *répondant à la demande.* C'est le petit lever de Monseigneur!... (*La réponse est transmise par les pages aux heïduques, par *ceux-ci aux Suisses, par les huissiers à l'Intendant.)*

L'INTENDANT, *répétant machinalement.* C'est le petit lever de Monseigneur. Que je suis bête!... je n'ai pas besoin de me le dire, puisque je le sais.

PREMIER PAGE. Les dames d'honneur passent en ce moment à Monseigneur son gilet à filets d'or...

DEUXIÈME PAGE. Quel changement depuis que le bonhomme Delass, aujourd'hui Monseigneur Délassements, a fait redorer sa salle du boulevard du temple.

PREMIER PAGE. De la dorure partout, jusque sur nos habits...

L'INTENDANT. De l'argent jusque dans nos poches...

PREMIER HUISSIER. Alors, vous croyez que ma chaîne n'est pas du Ruolz?

L'INTENDANT. Parbleu!... voyez le contrôle...

PREMIER HUISSIER. Du théâtre!...

PREMIER PAGE. Les dames d'honneur passent en ce moment à Monseigneur sa robe de chambre dorée sur tranche!... la toilette de Monseigneur va être terminée.

L'INTENDANT. C'est le moment de faire retentir de nouveau le palais de nos chants d'allégresse.

REPRISE DU CHŒUR.
Douce surprise, etc.

SCÈNE II

LES MÊMES, LE COMPÈRE.

LE COMPÈRE. Pardon, monsieur le régisseur?... s'il vous plaît?...

L'INTENDANT. Il n'y a pas de régisseur ici... Monsieur le premier intendant de la scène, si vous voulez bien.

LE COMPÈRE. Monsieur le premier?....

L'INTENDANT. C'est à lui-même que vous avez l'honneur de vous adresser.

LE COMPÈRE. Très-bien, je désirerais parler aux Délassements...

L'INTENDANT. Il n'y a pas de Délassements, ici, il y a monseigneur Délassements, duc de l'Almanach-Comique... prince d'A vos souhaits...

LE COMPÈRE. Fichtre!... Eh bien! puis-je parler à votre seigneur duc?...

L'INTENDANT. Avez-vous une lettre d'audience?...

LE COMPÈRE. Ma foi non, je suis venu à la bonne franquette, j'ai pensé qu'après la Revue les Délassements allaient donner une pièce en je ne sais combien de tableaux, — j'ai pris mes cliques et mes claques et me voilà.

AIR : *Marmote* (Almanach).

Compère *(bis)*,
Quel emploi
Fut plus nécessaire ?
Sur terre
Que faire,
Que fair' sans moi ?

REPRISE.
Compère, etc.

LE COMPÈRE.
Avant qu'un' pièce ne paraisse
Je la prône aux quatr' coins de la presse ;
Et pour qu'elle ait des lendemains,
S'il le faut je m' mêle aux romains ;
J'applaudis des deux mains.

REPRISE.
Compère, etc.

Combien de talents qu'on ignore,
De grands hommes petits encore...
Ne sortaient pas du commun,
Et se conduisaient souvent à jeun,
S'ils ne trouvaient pas un

REPRISE.
Compère, etc.

L'INTENDANT. Vous comprenez, bonhomme, que du moment que nous avons fait fortune, il est de notre devoir de renoncer aux gens de votre espèce.

LE COMPÈRE. Renoncer à moi... le compère de toutes les Revues passées, présentes et futures! Cependant, la Fantaisie m'avait dit....

L'INTENDANT. La Fantaisie, quel est ce personnage?

SCÈNE III

LES MÊMES, LA FANTAISIE.

LA FANTAISIE. La Fantaisie? c'est moi!...

AIR : *L'Expertise* (Almanach comique).

Fantaisie *(bis)*,
L'imprévu c'est ma beauté,
Le hasard, ma poésie,
Mon bonheur, la liberté.

Je hais les routes ouvertes.
Fi ! du barde au lourd sommeil,
Qui met des lunettes vertes
Pour regarder le soleil.

REPRISE ENSEMBLE.

Fantaisie *(bis)*,
L'imprévu c'est {ma / sa} beauté,
Le hasard {ma / sa} poésie,
{Mon / Son} bonheur la liberté.

LA FANTAISIE.

Dans mes courses vagabondes,
Lasse de fouler le sol,
J'invente de nouveaux mondes
Où pouvoir porter mon vol.

REPRISE.
Fantaisie, etc.

L'INTENDANT. Et vous voulez?...

LA FANTAISIE. Nous voulons voir le bonhomme Délass, notre vieil ami... il sait bien que pour lui il n'y a pas de pièces amusantes sans le Compère, pas de délassements à succès sans la Fantaisie...

L'INTENDANT. Nous avons changé tout cela... Monseigneur Délassements est devenu millionnaire.

LA FANTAISIE. Il a gagné à la loterie.

L'INTENDANT. Et nous allons nous lancer dans la littérature...

LA FANTAISIE. Aïe!...

PREMIER PAGE. La toilette de monseigneur est terminée.

L'INTENDANT. Notre seigneur duc va faire son entrée, retirez-vous.

LE COMPÈRE. Je me retire, c'est-à-dire je fais une fausse sortie. Il faut que je voie mon ancien patron, quand je devrais...

L'INTENDANT. Le voici, partez...

LA FANTAISIE. Moi, je reste...

L'INTENDANT. Mais...

LA FANTAISIE. Soyez tranquille, je prends tout sur moi. *(Au compère.)* Toi va m'attendre là. *(Elle entr'ouvre la chambre de gauche.)*

LE PAGE, *annonçant.* Monseigneur Délassements, duc de l'Almanach-Comique...

LE COMPÈRE. Lui! un duc! si ça me fait pas mal... enfin. *(Il entre à gauche.)*

SCÈNE IV

LES MÊMES, *moins* LE COMPÈRE, LES DÉLASSEMENTS, *précédés de* QUATRE NÈGRES *et suivi d'*ODALISQUES *portant des éventails de plumes.*

CHŒUR.
Air nouveau de GOURLIER.

Chantons,
Fêtons
Nos bien-aimés patrons!
Cette journée
Fortunée
Ramène au sein de ses joyeux enfants
Monseigneur Délassements !

LES DÉLASSEMENTS.
Merci de vos chants d'allégresse;
Ils prouvent en ce jour
Tout votre amour.
Je vais devoir à la richesse
Bien des amis nouveaux,
Bien des bravos.
Si j' vous laisse me chanter,
Si j' vous laisse me fêter,
C'est qu' je m' trouv', sans orgueil, } *bis.*
Digne d'un tel accueil. '

REPRISE DU CHŒUR.
Chantons, etc.

LES DÉLASSEMENTS. Comme ils chantent ces gaillards-là!... Ça n'est pas comme du temps de ma débine ; quand ils me chantaient un chœur d'entrée, je croyais toujours qu'ils se gargarisaient... Enfants, je vous remets de vos amendes du mois, pour vous prouver ma magnificence...

TOUS. Vive Monseigneur!!...

LES DÉLASSEMENTS. Assez...

LA FANTAISIE. Si l'on peut jeter ainsi l'argent par les fenêtres!

LES DÉLASSEMENTS. Il rentrera par la porte... Eh! mais que vois-je? la Fantaisie dans mes lares...

LA FANTAISIE. Est-ce que je n'ai plus mes entrées?

LES DÉLASSEMENTS. Les entrées de faveur sont généralement suspendues...

LA FANTAISIE. Excepté pour moi.

LES DÉLASSEMENTS. Je ne dois ma fortune qu'à moi-même, je suis l'enfant naturel de mes œuvres.

LA FANTAISIE. Oh! ... comme tu es changé, mon pauvre vieux!

LES DÉLASSEMENTS. Si je le suis, j'ai des raisons...

AIR nouveau de GOURLIER.

Oui, chacun est venu,
D'un air convaincu,
Me dire : Maintenant
Qa' vous gagnez d' l'argent,
Allez-vous, sans vergogne, exploiter toujours
Les maillots et les jupons courts?
Vous touchez au port,
Aurez-vous encor
Votre danseuse ingambe?
L' public, sans pitié,
Lèvera le pied
Si vous levez la jambe.
Renoncez donc, enfin,
Au mot trop badin.
Ayez donc des acteurs
Et de vrais auteurs.
Qu' l'esprit ait sa large part;
Ramenez l'art
Au boulevard.

Ces sages avis
S'ront par moi suivis :
Je ferai le scandale,
Et j'veux désormais
Chercher le succès
Dans la saine morale.
Sachez-le, mes enfants,
Les Délassements,
A partir d'aujourd'hui,
Sont un lieu choisi.
Un théâtre où, vraiment,
Sans danger l'enfant
Pourra conduire sa maman.

REPRISE.

Sachez-le, ⎱ mes enfants, etc.
Sachons-le, ⎰

LA FANTAISIE. (*Parlé.*) Comme tu l'exprimes bien !

LES DÉLASSEMENTS. (*Parlé.*) Mais oui, grâce aux professeurs que j'ai pris pour réformer mon éducation première, hélas ! trop négligée.

LA FANTAISIE. Des professeurs?...

LES DÉLASSEMENTS. La Comédie Française, qui m'apprend le français... le Théâtre-Italien.

LA FANTAISIE. Qui te montre l'espagnol?...

LES DÉLASSEMENTS. Du tout, qui m'enseigne la musique... l'Opéra, qui est mon maître à danser... et le Cirque qui est mon maître d'armes.

LA FANTAISIE. Tiens, à la fin, j'éclate ! rougir de son origine, faire le gandin parvenu, renier tout, jusqu'à ses enfants ! Car je suis sûre qu'à présent tu ne veux même plus les voir.

LES DÉLASSEMENTS. Mais certainement, des demoiselles qui s'amuseraient à causer avec les avant-scènes... merci... Il faut que mes nouvelles pensionnaires aient des certificats de mœurs... Je ne serais même pas fâché d'avoir un prix de vertu dans ma troupe, ça me changerait.

LA FANTAISIE. Tu n'es qu'un ingrat ! Prends garde !! le Four est le cousin germain du Succès...

LES DÉLASSEMENTS. Ta!... ta!... des commérages... J'ai des devoirs à remplir, je les remplirai ; je deviens littéraire.

L'INTENDANT. Le tailleur de sa seigneurie.

LA FANTAISIE, *à part.* Comment le tirer de là? J'ai une idée ! (*Elle sort un instant.*)

SCÈNE V

LES MÊMES, *moins* LE COMPÈRE, TOUTE LA MAISON DES DÉLASSEMENTS, *puis* L'INTENDANT.

CHŒUR.

Voyez donc le superbe habit,
Voyez donc comme il est joli
Et comme il pare
Cet homme rare.
Quel magnifique vêtement !
Avec lui, véritablement,
Vous serez tout éblouissant.

LE MAÎTRE TAILLEUR.

Ah! passez, monseigneur,
La manche et, sur l'honneur,
Jamais nulle grandeur
N'aura tant de splendeur.
Vous êtes un soleil
A nul autre pareil,
Et, pour votre tailleur,
C'est un jour de bonheur.

LA FANTAISIE, *rentrant.* C'est fait.

L'INTENDANT, *accourant.* Monseigneur ! monseigneur !

LES DÉLASSEMENTS. Qu'y a-t-il?

L'INTENDANT. Le Public demande à vous voir.

LES DÉLASSEMENTS. Le Public?

L'INTENDANT. Il vous envoie son délégué, chargé d'une mission de la plus haute importance. Il y va de la nouvelle pièce des Délassements, a-t-il dit.

LES DÉLASSEMENTS. Qu'on introduise l'ambassadeur du public et sa suite, avec tous les égards qui leur sont dus, et même ceux qui ne leur sont pas dus...

L'INTENDANT. Son excellence le Public.

SCÈNE VI

LES MÊMES, LE COMPÈRE, *précédé ou suivi du* FLON-FLON *du* MOT POUR RIRE, *du* TABLEAU, *du* PARADOXE, *du* TRUC, *du* COUPLET AU PUBLIC. (*Tous ces personnages sont voilés.*)

CHŒUR.

Air *du chœur de Faust.*

Puisqu'il est digne
De nos faveurs,
Qu'on le désigne
Aux grands honneurs...
Au titre insigne
Des monseigneurs.
Accordons-lui (*bis*) mille faveurs.

Du haut rang (*bis*) qu'il a mérité
C'est nous (*bis*) qui sommes les arbitres,
C'est nous qui dispensons les titres (*bis*),
La gloire (*bis*) et l'immortalité.

LE COMPÈRE. Illustrés Délassements, ne vous inclinez pas, mais courbez-vous, je suis votre juge et votre ami, votre protecteur et votre arbitre. Quand il s'agit de rendre la justice, Thémis doit prendre la balance ; c'est l'emblème de l'équité, comme le trident de Neptune est le sceptre du monde.

LA FANTAISIE, *à part.* Voilà de la fantaisie ; à la bonne heure.

LE COMPÈRE. Le char de Thespis entraîné à pleines voiles sur les montagnes escarpées de l'impossible est sur le point de faire naufrage dans la vallée de l'inconnu... Un théâtre se propose de remettre à flots le char de Thespis. Ce théâtre, c'est vous. Je viens encourager vos efforts et vous octroyer le titre de Théâtre-Sérieux, que vous allez bientôt mériter... Apprêtez-vous à en recevoir les attributs...

LES DÉLASSEMENTS. Un tel honneur me suffoque, j'ôterais bien mon habit....

LE COMPÈRE. Que la cérémonie commence.

CHŒUR.

Air nouveau de GÉRALDA.

En ce jour solennel, rendons, rendons hommage
Au seigneur de ces lieux ; qu'un triomphe nouveau
Lui donne le bonheur et la gloire en partage,
Car il a mérité le destin le plus beau ! (*bis*)

LE COMPÈRE.

Toi, petit théâtre naguère,
De l'avenir sois orgueilleux :
Deviens théâtre littéraire,
Deviens théâtre sérieux.

TOUS.

Deviens théâtre sérieux.

(*Tous les personnages défilent devant les Délassements avec force salutations.*)

LE FLON-FLON.

Contracte mariage avec la tragédie

LE MOT POUR RIRE.

Laisse là les flons-flons pour le grand opéra.

LE TABLEAU.

Abandonne à jamais la danse dégourdie.

LE PARADOXE.

Qui le sait, songes-y, mon bras te punira.

LE COMPÈRE.

Toi, petit théâtre, naguère, etc.

LE TRUC.

Tu renonces à tes bévues.

LES DÉLASSEMENTS.

A tout jamais !

TOUS.

A tout jamais !

TOUS.

Tu renonces à tes revues !

LES DÉLASSEMENTS.

Je le promets.

TOUS.

Tu le promets?

LE COMPÈRE.

Ce n'est pas un vain simulacre.

LES DÉLASSEMENTS.

Non, je vous crois.

TOUS.

Certes, il nous croit.

LE COMPÈRE.

De par l'ennui je te consacre.

LES DÉLASSEMENTS.

Je serai roi...

LE COMPÈRE.

Tu seras roi,

TOUS.

Il sera roi.

(*Les pages apportent un coussin sur le devant du théâtre, sur lequel le Compère fait agenouiller les Délassements.*)

LE COMPÈRE.

Maintenant, à genoux, et reçois la couronne,
Et, surtout, ne crois pas la devoir aux romains ;
C'est le public qui te la donne
Par mes mains.

(*Il place sur la tête des Délassements un gigantesque bonnet de coton couronné de myrtes.*)

REPRISE DU CHŒUR.

En ce jour solennel rendons, rendons hommage, etc.

LES DÉLASSEMENTS. Merci, merci... une cérémonie aussi imposante... Je suis dans le saisissement... j'ai bien envie de faire agrandir ma salle.

LA FANTAISIE. De sorte que maintenant c'est fini entre nous.

LES DÉLASSEMENTS. Le classique, le sérieux, le sublime, je ne connais pas autre chose... Je suis tout à mes nouvelles connaissances. Vive la littérature!... Pardon, cher Public, quelles sont ces personnes voilées? je parie que ce sont des gens très-bien.

LE COMPÈRE. Tu veux les connaître?

LES DÉLASSEMENTS. Pour les remercier à l'œil toi.

LA FANTAISIE. Il va être fait comme tu le désires, mais auparavant tu renonces à ton passé?

LES DÉLASSEMENTS. J'y renonce.

LE COMPÈRE. Eh bien ! regarde.

LES DÉLASSEMENTS. Que vois-je?...

LES SIX PERSONNAGES. Tes enfants.

LES DÉLASSEMENTS. Horreur ! mes anciennes pensionnaires.

LES SIX PERSONNAGES.

ENSEMBLE.

AIR : *C'est affreux, ôdieux* (Almanach).

Reviens à tes enfants,
Cher Délass'ments,
Et sois bon père.
En toi chacun espère;
Refais-nous des loisirs charmants.

LE FLONFLON.

Reconnais le Flonflon
Que ta voix abandonne
Quand chacun me fredonne
D' l'atelier au salon.

LE MOT POUR RIRE.

Aecueille le retour
Du petit Mot pour rire,
Frère de la Satire,
Cousin du Calembour.

REPRISE DE L'ENSEMBLE.

Reviens, etc.

LE TABLEAU.

Pour un essai nouveau
Où tu cours plus d'une chance,
Eh quoi! peux-tu d'avance
Repousser le tableau?

LE PARADOXE.

A ta port', désormais,
Si tu veux que l'on boxe,
Reprends le Paradoxe
Qui t'a fait des succès.

REPRISE.

Reviens, etc.

LE TRUC.

Ne fais pas tant le duc,
Ou crains une bévue;
Garde ton genre revue,
Garde ton petit Truc!

LE COUPLET AU PUBLIC.

Malgré ton nouveau chic
Prétendu littéraire,
Conserve, pour lui plaire,
Le Couplet au public.

REPRISE DE L'ENSEMBLE.

Reviens, etc.

LES DÉLASSEMENTS. Non, non... *Vade retro Fantasias !...*
LE FLONFLON. Mais tu nous dois ta gaîté.
LE MOT POUR RIRE. Ton bon temps...
LE TABLEAU. Tes pièces à trente-six tableaux.
TOUS. Reviens-nous! reviens-nous!...
LES DÉLASSEMENTS. Impossible! Et le haut rang que j'occupe, grâce à ma nouvelle fortune, ma dignité... et ma couronne.
LA FANTAISIE, *riant*. Ta couronne.

AIR *du Roi d'Yvetot*.

Ta couronn', regard'-là mon bon,
Et vois comme elle est faite...

LES DÉLASSEMENTS.

Sapristi! que peuvent-ils donc
M'avoir mis sur la tête?

(*Il retire son bonnet.*)

Ciel! c'était un bonnet d' coton,
Avec un' mèche pour fleuron!
Cré nom!

CHOEUR.

Oh! oh! oh! Ah! ah! ah!) *bis.*
Le bon petit roi que voilà,)

LES DÉLASSEMENTS. Quoi!... cette cérémonie!...
LE COMPÈRE. N'était qu'une joyeuse conspiration ourdie par moi, le Compère.
LES DÉLASSEMENTS. Ah! le brigand!...
LE COMPÈRE. Et par la Fantaisie.
LES DÉLASSEMENTS. Ah!... la coquine!...
LE COMPÈRE. Tu n'as plus qu'à ouvrir tes bras à tes enfants!...
LES DÉLASSEMENTS. Du tout!.... Je reste sérieux... malgré vous, malgré tout le monde... la question d'art avant tout.
LA FANTAISIE. Mais, c'est ta ruine... Reviens à la fantaisie, à la cascade, jette ton bonnet par-dessus les moulins.
LES SIX PERSONNAGES. Oui, oui.... Papa?.... papa?...
LES DÉLASSEMENTS. Que faire?... elles sont charmantes, rien qu'à les voir je suis ému.... j'ai des sanglots dans la voix, n'est-ce pas, Fantaisie, que j'ai des sanglots dans la voix?...
LA FANTAISIE. Vous en avez...
LES DÉLASSEMENTS. Ah! cristi! cristi!... je suis bien embarrassé... Si encore, comme par le passé, je n'avais qu'à évoquer un génie quelconque. Car enfin, jadis je n'avais qu'à dire : mon Dieu, qui est-ce qui me tirera de là?... et à l'instant une voix me répondait.

SCÈNE VII

LES MÊMES, PHOTOGRAPHIE.

LA PHOTOGRAPHIE, *apparaissant*. Moi!...
LES DÉLASSEMENTS. Justement, alors je disais : Qui êtes-vous? Et le personnage me répondait :

LA PHOTOGRAPHIE.

AIR nouveau de GOURLIER.

J' suis la Photographie;
A mon art qu'on se fie,
Je n'ai jamais flatté,
Je suis la vérité.
Qu'on accoure à la ronde,
Je plais à tout le monde,
Tous les hommes, ma foi,) *bis.*
Sont égaux devant moi,)
Que l' bon marché vous tente,
Car, pour un franc cinquante,
On passe, en vérité,
Avec célérité,
A la postérité,
Et c'est très-bien porté.

REPRISE.

C'est la Photographie, etc.

LES DÉLASSEMENTS. Pourquoi la Photographie plutôt qu'une autre...
LA PHOTOGRAPHIE. Parce que la Photographie est la reine du jour, la toquade à la mode.... et qu'on ne fait rien sans elle.
LES DÉLASSEMENTS. Hé bien, chère Photographie, conseillez-moi... que dois-je faire?
LA PHOTOGRAPHIE. Avant de prendre un genre plutôt qu'un autre, vois-les tous, passe-les tous en revue... tu choisiras celui qui te semblera le meilleur...
LES DÉLASSEMENTS. Mais qui me les montrera?
LA PHOTOGRAPHIE. La Photographie. Est-ce que je n'ai pas dans mes albums des collections de toute sorte... et la preuve, à moi les genres.

DEUXIÈME TABLEAU

Le fond s'ouvre, le Drame, la Comédie, l'Opéra-Comique, le Vaudeville, la Tragédie, le Ballet paraissent.

—

SCÈNE UNIQUE

TOUS LES PERSONNAGES DU PREMIER TABLEAU, LE DRAME, LA COMÉDIE, L'OPÉRA-COMIQUE, LE VAUDEVILLE, LA TRAGÉDIE, LE BALLET.

CHOEUR.

AIR : *Fifi et Nini*.

Lorsque l'on nous appelle,
Nous accourons subito
Offrir avec zèle
Un tableau
Toujours nouveau.

LA PHOTOGRAPHIE. Le Drame!

LE DRAME, *s'avançant*.

AIR *des Dames de la Halle*.

C'est moi, c'est moi qui suis le drame,
Le gros drame sinistre et noir,
Qui fait gémir chaque soir.

TOUS.

Qui fait gémir chaque soir.

LE DRAME.

Là bas, vous voyez cette femme
Qui vient de sortir du manoir
Un poignard sous son peignoir.

TOUS.

Un poignard sous son peignoir.

LE DRAME.

Dans la tour du Nord on l'entraîne,
Et le vieillard, brisant sa chaîne,
Sauve l'enfant et, plein de feu,
Jette un merci, merci, mon Dieu!
Et l' public dit : Nom d'un chien!
Ah! sapristi! que c'est bien!
Alors et tout le monde pleure;
Ce ne sont, pendant plus d'une heure,
Que sanglots,
Bravos,
Pour la victime
Du crime!

REPRISE.

LES DÉLASSEMENTS. C'est assez intéressant le Drame; et quel est celui-ci?
LA PHOTOGRAPHIE. Le Vaudeville.

LE VAUDEVILLE.

AIR de *Fanchon*.

Le vaudeville amuse;
C'est là sa seule excuse.
L' Français, né malin,
L'aim' tout plein.
Il faut l'aimer, je gage,
Pour voir c' dénoûment toujours sûr :
L'éternel mariage
D'Adèle avec Arthur.

REPRISE.

LA PHOTOGRAPHIE. L'Opéra-Comique.

L'OPÉRA-COMIQUE.

AIR *de la Part du Diable.*

Voilà
L'opéra
Bouffa;
Il vous plaira,
Vous charmera.
L' grand opéra
A trop, oui-dà,
De brouhaha
Pour votre oreille.
Mes motifs
Doux et naïfs,
Joyeux ou vifs,
Parfois plaintifs,
Ont fait merveille,
Et de tout temps
Désarmé les plus exigeants.
Je suis l'enfant, l'enfant chéri
De Dalayrac et de Grétry ;
Je suis l'enfant
D'Adam ;
Je suis l'enfant d'Auber,
De Meyerbeer ;
Boieldieu
Est mon dieu !

LE BALLET. Et moi le ballet.

AIR *de la Gallegada.*

Le ballet a du moins l'avantage
De n' jamais vous paraître ennuyeux ;
Car il sait, se passant de langage,
S' contenter de ne parler qu'aux yeux.
Tout l' talent c'est d' se montrer ingambes,
Le livret peut être mal écrit ;
Tout l' secret, c'est de faire voir des jambes ;
Les mollets ont toujours de l'esprit.

REPRISE.
Le ballet a du moins, etc.

LES DÉLASSEMENTS. Très-bien, je vous reconnais tous.
LA FANTAISIE. Eh bien! que décides-tu?
LES DÉLASSEMENTS. C'est très-embarrassant.
LA PHOTOGRAPHIE. Fais une chose; les genres vont rentrer dans leurs palais respectifs... Allons les y étudier à tour de rôle.
LES DÉLASSEMENTS. C'est une idée.
LA PHOTOGRAPHIE. Ceux qui te conviendront, nous en ferons la photographie,.... et tu les conserveras pour les montrer à monseigneur le Public...
LA FANTAISIE. Alors, en route.
LES DÉLASSEMENTS. Mais nous ne pouvons partir comme de vulgaires voyageurs... nous occupons tous les deux une place trop importante dans le monde parisien. Vous, esclaves, faites-moi cortége.
LA FANTAISIE, *au Compère.* Nous le sauverons. (*Les nègres apportent des palanquins dans lesquels montent la Photographie et les Délassements; cortége splendide.*)

CHŒUR.

AIR *de Faust.*

Puisqu'il est digne
De nos faveurs,
Qu'on le destine
Aux grands honneurs,
Au titre insigne des monseigneurs !

ACTE PREMIER

—

PREMIER TABLEAU

L'ÉTOILE.

Une loge d'artiste.

SCÈNE PREMIÈRE

LE DIRECTEUR, *et* QUATRE GARÇONS TAPISSIERS.

ENSEMBLE.

AIR : *Polka des Buveurs.*

Meublez } vite avec splendeur
Meublons }
La loge du grand chanteur.
C'est un célèbre ténor ;
C'est un astre, une étoile d'or.

LE DIRECTEUR. *Il a de grands cheveux noirs.* Allons, mes enfants, hâtons-nous. C'est ce soir que débute à mon théâtre le merle blanc des ténors. Achevez vite de meubler sa loge.

AIR : *Qu'il est flatteur d'épouser celle*

Placez ici cette causeuse...
Ah ! comme on va causer de lui...
Mettez ici cette fumeuse...
Ses rivaux fum'ront aujourd'hui.
Posez là cette grande glace...
Je réfléchis à nos succès...
Cependant laissez de la place } (bis)
Pour ses lauriers et ses bouquets. }

(*Pendant la scène qui suit, les tapissiers continuent l'ornementation de la loge.*)

SCÈNE II

LES MÊMES, LA PHOTOGRAPHIE, LES DÉLASSEMENTS.

LA PHOTOGRAPHIE. Peut-on entrer?
LE DIRECTEUR. Votre nom?
LA PHOTOGRAPHIE. La Photographie!...
LE DIRECTEUR. Ah! très-bien... (*Montrant les Délassements.*) Et Monsieur ?
LES DÉLASSEMENTS, *à part.* Gardons l'incognito. (*Haut.*) Je suis son aide-major, Collodion, pour vous servir.
LA PHOTOGRAPHIE. La renommée de votre illustrissime ténor est arrivée jusqu'à nous, et nous accourons pour reproduire ses traits...
LE DIRECTEUR. Comment donc... soyez les bien-venus. Ah! mes amis.... quelle trouvaille!... il y a longtemps que je rêvais un artiste hors ligne, un grand nom sur mon affiche, une réputation... une étoile...

AIR de l'Artiste.

Dans ce triste théâtre
Sommeillaient les bravos,
Mon public idolâtre.
Voulait m' tourner le dos.
Pardon si j' vous dévoile
C' qui vient d' m' désoler.
J'ai donc pris une étoile } (bis.)
Pour l'empêcher d' filer. }

LES DÉLASSEMENTS. Et vous vous trouvez bien de ce système?

LE DIRECTEUR. Je suis dans le ravissement... Il y a de ces noms qui sont des talismans certains. Ce soir, pour les représentations du célèbre Esbrouffini, premier grand ténor du théâtre de la Scala, première représentation de la *Maison qui brûle* ou *Secours contre l'incendie,* opéra-comique en un acte.
LES DÉLASSEMENTS. Secours contre l'incendie; vous devez avoir déployé beaucoup de pompe...
LE DIRECTEUR. On se croira au Grand-Opéra... Vous photographierez la représentation, n'est-ce pas?...
LA PHOTOGRAPHIE. Parbleu! nous ne sommes ici que pour ça... (*Aux Délassements, bas.*) L'Étoile, genre moderne, il faut que tu le passes aussi en revue... l'acteur en représentation fait quelquefois le succès.
LES DÉLASSEMENTS. Je vais donc le passer en revue.
LE DIRECTEUR. Avez-vous fini, vous autres?...
UN TAPISSIER. Tout est prêt...
LE DIRECTEUR. En ce cas, partez... Non, voici mon étoile, soyez ses satellites; vous sortirez après son entrée...

SCÈNE III

LES MÊMES, ESBROUFFINI.

CHŒUR.

AIR : *Dans les plaines azurées.* (Almanach Comique).

Devant un' telle gloire
Inclinons-nous, c'est un soleil! } (bis).
Et le Conservatoire }
N'en produit pas de pareil.

(*Les Tapissiers sortent sur un geste du Directeur.*)

ESBROUFFINI. Ah ! c'est vous, cher directeur?
LE DIRECTEUR. Moi-même, grand homme!
ESBROUFFINI. Cette loge - ci est bien mesquine, bien ratatinée pour un personnage de ma valeur !...
LE DIRECTEUR. C'est mon propre appartement... Je suis obligé de faire coucher ma femme dans le magasin de décors.
ESBROUFFINI. C'est égal... pour un impresario qui a de si jolis cheveux, vous êtes bien laidre... Enfin...
LES DÉLASSEMENTS. Il tient un peu à briller.
LA PHOTOGRAPHIE, *bas.* Dame!... une étoile...
ESBROUFFINI. Que veulent ces gens?
LA PHOTOGRAPHIE. Nous sollicitons l'honneur de vous photographier.
ESBROUFFINI. A vos ordres. Ah! cher directeur, et mon affiche?
LE DIRECTEUR. L'affiche! la voici...
ESBROUFFINI, *la lisant.* Ah! mon Dieu !
LE DIRECTEUR. Quoi donc?...
ESBROUFFINI. Le titre de la pièce en grosses lettres... et mon nom à peine visible.
LE DIRECTEUR. Des caractères de quinze centimètres de haut... On les a faits exprès...
ESBROUFFINI. Trop petits... trop petits... il faut que les aveugles mêmes puissent me voir sans lunettes...
LE DIRECTEUR. Mais la pièce?...
ESBROUFFINI. Ce n'est pas pour la pièce que l'on vient, c'est pour moi...
LES DÉLASSEMENTS, *à part.* As-tu fini?

ESBROUFFINI.

AIR :

Tout ce fatras me fait obstacle;
Pour fair' l'affiche comm' je l'entends,
Retirez l'heure du spectacle,
Le titr' de la pièce en même temps.
R'tirez l' nom d' l'auteur.

LE DIRECTEUR.

                Alors, de grâce,
Mais, monsieur, que mettrai-je donc ?

ESBROUFFINI.

    Mon nom seul ; et s'il reste d' la place,
    Vous ajouterez mon prénom.

LES DÉLASSEMENTS, *à part*. Elle est exigeante l'étoile ! (*Haut*.) Sans indiscrétion... combien ?

LE DIRECTEUR, *bas*. 12,000 francs par soirée, 500 francs de feux et la moitié des bénéfices.

LES DÉLASSEMENTS. Et combien comptez-vous faire ?

LE DIRECTEUR, *très-cité*. 1,800 francs, salle comble.

LES DÉLASSEMENTS. Vous êtes un malin, vous !

SCÈNE IV

LES MÊMES, LE RÉGISSEUR.

LE RÉGISSEUR, *au Directeur*. Monsieur le Directeur, les décors sont prêts, tout le monde est à son poste, on n'attend plus que le signor Esbrouffini.

LE DIRECTEUR. Vous entendez, grand homme ! Voyons, êtes-vous prêt ?

ESBROUFFINI. Moi ! Ah ! bien oui, je ne suis pas coiffé.

LE DIRECTEUR. Mais il y a déjà une heure et un quart d'entr'acte, et je crains d'abuser.

ESBROUFFINI. Une heure et un quart ! Mais la dernière fois j'ai fait attendre quatre heures mon arrivée. Il faut savoir se faire désirer.

LE DIRECTEUR. C'est qu'il y a peut-être dans la salle des spectateurs qui demeurent [...]

ESBROUFFINI. Je n'entrerai pas en scène accommodé ainsi, vous dis-je.

LE DIRECTEUR. Mais puisque c'est un paysan que vous faites... un paysan n'a pas besoin...

ESBROUFFINI. Vous m'ennuyez.

LES DÉLASSEMENTS. L'étoile est exigeante : allons, elle est exigeante....

ESBROUFFINI. Eh bien ! me faites-vous coiffer ? Si vous ne voulez pas que je joue, faut le dire.

LE DIRECTEUR. Si je ne veux pas... Vous vous moquez, grand homme, — il se [...] ! (*Au Régisseur*) Appelez le coiffeur.

ESBROUFFINI. Non, pas d'homme !

LE DIRECTEUR. Comment, pas d'homme !

ESBROUFFINI. Vous allez peut-être dire que je suis exigeant.

LE DIRECTEUR. Oh ! vous êtes charmant.

ESBROUFFINI. Je n'ai jamais pu me faire coiffer par un homme, il me faut des femmes.

LE DIRECTEUR. Comment ! des femmes !

ESBROUFFINI. Bizarrerie d'artiste, cher Directeur, tous les gens de valeur ont leur quidité. On raconte qu'Annibal, quand il voyait [...]

LE DIRECTEUR. C'est que je n'ai pas de femmes coiffeuses.

ESBROUFFINI. Eh bien ! nous ferons relâche. Je ne pourrais pas, vous dis-je.. c'est plus fort que moi ; on ne peut pas se refaire.

LE DIRECTEUR. Ciel... sacristi... nom d'un chien !

ESBROUFFINI. Qu'est-ce que vous avez ?

LE DIRECTEUR. Rien, c'est-à-dire, si, je n'ai pas de femmes sous la main.

ESBROUFFINI. La vôtre.

LE DIRECTEUR. On lui pose des fers, sucez.... Ah ! j'ai mes filles.

ESBROUFFINI. Eh bien ! vos pauvres filles, je m'en contenterai.

LE DIRECTEUR. Mettre des demoiselles dans une loge d'homme !...

ESBROUFFINI. Je suis habitué... Voyons, faites vite, le public doit s'impatienter [...]

LE DIRECTEUR. S'il doit s'impatienter... c'est-à-dire qu'à sa place je casserais les banquettes. (*Il parle au Régisseur, qui sort.*)

LES DÉLASSEMENTS. Je ne sais pas pourquoi j'aurais du plaisir à entendre ce ténor.

LA PHOTOGRAPHIE. Hé !

LES DÉLASSEMENTS. J'ai reçu le droit de le renvoyer.

SCÈNE V

LES MÊMES, HÉLOÏSE, PAMÉLA, BRIGITTE.

ENSEMBLE.

AIR : *Le p'tit bel oiseau.*

Que veux-tu, petit papa ?
Parle, toi qui nous dorlotes !
Que veux-tu, petit papa ?
A ton appel nous voilà !

LE DIRECTEUR.

Il faut à ce grand ténor
Qu' vous mettiez des papillotes !

LES DÉLASSEMENTS.

Il est très-capable encor
De leur faire ôter ses bottes.

REPRISE.

Que veux-tu, etc.

LES DEMOISELLES. Bonjour, papa.

LE DIRECTEUR. Coiffez monsieur.

HÉLOÏSE. Mais je ne sais pas.

LE DIRECTEUR. Vous ne savez pas ! vous voulez donc ma ruine... Mes propres enfants qui veulent ma ruine ! Coiffez-le, ou je vous déshérite. (*Les demoiselles s'empressent d'Esbrouffini pour le coiffer.*)

ESBROUFFINI. Un instant ! pas toutes à la fois, et puisque vous êtes en nombre, que l'une de vous me berce de sons mélodieux, pendant qu'on harmonise ma chevelure.

LE DIRECTEUR. Comment ?

ESBROUFFINI. Autre bizarrerie, cher Directeur ; à l'orientale, voyons, faites cela pour moi.

LE DIRECTEUR, *sourdement*. Chantez !

HÉLOÏSE. Mais...

LE DIRECTEUR. Mais chantez-lui d'une quelque chose, ne voyez-vous pas sa tête s'égare, qu si en chantant son, je vais devenir hydrophobe ! (*Les demoiselles prennent une guitare pendant que l'une et l'autre coiffent Esbrouffini. — Pendant le chœur, le Directeur est accompagné pendant se montrer, et sort un instant.*)

[...]

AIR : *Vos moutons.* (Délassements en vacances.)

Du Tyrol une blonde fille,
Fut enlevée à sa famille ;
Et, rendue à ce doux travail,
Fut conduite dans un sérail.
    On dit bientôt que le pacha
    Voulai... (*bis*) en mourût, oui-Jà !
Mais c'est nous [...] l'enleva,
    Elle l'enchaîna
    Avec ce refrain-là,
    Ce refrain si coquin,
    Que le cœur accompagne,
    Ce refrain allemand
    qu'on chante en Allemagne :
    La la la,
    La la [...]

ESBROUFFINI, *[...] d'une papillote*. Que vois-je ! Ciel ! c'est horrible ! Le Directeur ! qu'on aille me chercher le Directeur... le Directeur !...

SCÈNE VI

LES MÊMES, LE RÉGISSEUR,
puis LE DIRECTEUR.

LE RÉGISSEUR. Qu'y a-t-il ?

ESBROUFFINI. Qu'on m'apporte le Directeur ?

LE RÉGISSEUR. Il est avec les autorités, qui l'agonisent !... Trois heures d'entr'acte.

ESBROUFFINI. Le Directeur !.. ou je ne joue pas.

LE DIRECTEUR, *entrant avec des cheveux blonds*. Me voici.

LES DÉLASSEMENTS. Ah ! comme il a vieilli !...

LE DIRECTEUR, *amaigri*. Qu'est-ce que vous avez encore ?

ESBROUFFINI. J'ai que c'est une horreur ! Vous vous jouez de moi, et je ne jouerai pas.

LE DIRECTEUR. Ne dites pas ça... ou je vous mords...

ESBROUFFINI, *montrant la papillote*. Voyez-vous ce programme ?.... Le nom de la prima donna... le nom de Théobaldine en aussi grosses lettres que le mien.... Donc, vous ne comptez pas sur moi, je fais relâche.

LE DIRECTEUR. Tenez !.... vous n'êtes qu'un cabotin !

ESBROUFFINI. Un cabotin !. .

CHŒUR.

AIR : *J'étouffe de colère.*

Sapristi ! cette farce
N'a rien pour m' } égayer.
N'a rien pour l' }
Je vous sers de } comparse.
Il vous sert de }
De pitre, de caissier...

LE DIRECTEUR.

Il faut avoir l'air méchante
Pour ainsi m'exploiter.
On croirait que c'est lui qui chante...
C'est lui qui m' fait chanter !

REPRISE.

ESBROUFFINI, *furieux*. Un cabotin !.... la colère me monte... et vous ne savez pas l'effet qu'il me produit, la colère ? elle m'enroue !

LE DIRECTEUR. Enroué !.... Il ne manquait plus que ça.

ESBROUFFINI. Tenez.... voilà que ça vient... ça y est... gnouf !... gnouf !...

LE DIRECTEUR. Enroué !.... trois heures et demie d'entr'acte : je suis destitué.... Un lait de poule, deux laits de poule.... faites la chaîne... (*Rentrée générale, on fait la chaîne avec des tasses.*)

ENSEMBLE.

Air de *Fernand Cortez*.

Accourons à l'instant,
Et venons tous en foule
Dissipons à l'instant
Un pareil enrouement.

LES DÉLASSEMENTS.

Ah ! vraiment, c'est trop fort.
C'est trop de laits de poule,
Mais un pareil ténor
C'est la poule aux œufs d'or !

REPRISE DE L'ENSEMBLE.

ESBROUFFINI, *enroué*.

Merci d' vos empressements.

LE DIRECTEUR.

Il faut le temps s'écoule...

ESBROUFFINI.

J'aurai dans un instant
R'trouvé mon diamant.

REPRISE DE L'ENSEMBLE.

HÉLOÏSE. Eh bien! comment cela va-t-il?

ESBROUFFINI. Mieux. (Il pile des sons.) Ça va tout à fait bien...

HÉLOÏSE. Et vous jouer... z...

LES TROIS DEMOISELLES. Oh! oui... oui... jouez.

ESBROUFFINI. Qu'il me fasse des excuses...

LE DIRECTEUR, revenant du fond. Il est chouette. Je vous en ferai...

LES DÉLASSEMENTS. Oh! plus de cheveux du tout!...

ESBROUFFINI. Qu'est-ce que vous avez donc, vous?

LE DIRECTEUR, se passant la main sur la tête. Je ne sais pas... je m'enrhume... (Il éternue.) Voyons... en scène...

ESBROUFFINI. Allons je suis prêt...

TOUS. En scène!...

LES DÉLASSEMENTS. Ça n'est pas malheureux!... (Tous les personnages forment la haie. Esbrouffini sort appuyé sur l'épaule de M. Chose.)

CHŒUR.

Quelle ivresse!
Et pour nous quelle allégresse!
Car ce soir,
Ce ténor, tout notre espoir,
Va charmer par sa méthode
Si brillamment à la mode,
Le public heureux de se réunir
Pour le voir, l'entendre et l'applaudir.

LE DIRECTEUR, Enfin!... Il est parti.. je respire...

LA PHOTOGRAPHIE. Eh bien! as-tu envie de choisir l'étoile?...

LES DÉLASSEMENTS. Non, si vous voulez bien, nous ne prendrons pas l'étoile... (Au Directeur.) Eh bien! Êtes-vous content?

LE DIRECTEUR. Je ne sais plus ce que je suis...

LES DÉLASSEMENTS. Et la recette?... est-elle satisfaisante?

LE DIRECTEUR. La recette... au fait... (Le Régisseur entre et lui remet un papier.) Ah! 44 francs 25 centimes, et j'y ai laissé mes cheveux... (Tombant sur une chaise.) Oh! les étoiles!...

LE RÉGISSEUR. Le rideau lève, messieurs...

LES DÉLASSEMENTS. C'est égal, allons toujours voir l'opéra comique, je ne suis pas fâché d'entendre chanter une étoile... (Au Directeur.) Venez, cher ami... et que cette leçon vous profite.

LE DIRECTEUR. Pourvu qu'il me reste de quoi acheter une perruque...

ENSEMBLE.

Air :

Allons, mes amis, (bis)
Voir jouer l'opéra comique;
Toujours la musique
Fait oublier les ennuis.
(Ils sortent.)

DEUXIÈME TABLEAU

L'OPÉRA COMIQUE
Un site agreste.

—

SCÈNE PREMIÈRE

LES DÉLASSEMENTS, LA PHOTOGRAPHIE, MADRAS, ROSETTE, PAYSANS, PAYSANNES.
(Les Paysans sont groupés dans un coin du théâtre et regardent attentivement au dehors.)

LES DÉLASSEMENTS, assis et regardant la Photographie. Ah! des paysans espagnols. Il paraît que c'est un sujet andalou.

LA PHOTOGRAPHIE. Tais-toi donc, nous ne sommes pas de la pièce.

LES DÉLASSEMENTS. Ah!... oui!... c'est un moyen pour entendre de plus près le fameux Esbrouffini.

MADRAS. Tenez, voyez-vous, là - bas, cette lueur?...

ROSETTE. Bien sûr, c'est un incendie...

LES DÉLASSEMENTS. Il faut crier au feu...

LA PHOTOGRAPHIE. Ce serait trop vite fait, pour la musique...

CHŒUR.

LES PAYSANS.

Air de *Richard*

Mon Dieu! (bis)
Redoutons un grand dommage;
Mon Dieu! (bis)
Craignons que ce ne soit le feu.
Là-bas, regarde un peu.
Je crois bien qu' c'est le feu; } (bis).
Et tout notre village
Y passera, mon Dieu!
Mon Dieu!
Redoutons un grand dommage, etc.

ROSETTE. C'est décidément un incendie... et j'ai tout lieu de croire que la maison qui brûle est celle de notre bonne comtesse.

TOUS. Ah! non...

MADRAS. Voici justement Diégo, son protégé; il saura diriger nos efforts...

SCÈNE II

LES MÊMES, ESBROUFFINI. (Il entre sur une très-longue ritournelle... [illegible]... la ritournelle n'est pas encore terminée.)

LES DÉLASSEMENTS, sur la ritournelle, en l'air. Ah! le voici, c'est décidément... il a l'air d'un...

ESBROUFFINI, sur la ritournelle. Oui, mes bons amis, je vais sauver la comtesse... ma bienfaitrice... car...

Air nouveau de Gourlier.

Qu'on court vite au comble!
N'y personne, c'est fâché!
Et ce brasier, qui doit s'avancer,
C'est un devoir d'humanité.
Quand sa maison brûle,
Courons vite à son secours.
Et s'il le faut, sauvons les jours.

ENSEMBLE.
Quand sa maison brûle, etc.

LES DÉLASSEMENTS. Ils ne se sont pas plus... que pour...

LA PHOTOGRAPHIE. Ce n'est pas leur faute, il faut jouer leur rôle...

ESBROUFFINI. Allons, mes amis, ne tardons pas plus longtemps...

PREMIER PAYSAN, sans bouger de place. Oui, courons...

TOUS. Allons!...

REPRISE DU CHŒUR, sur le même air.
Mon Dieu! (bis)...

SCÈNE III

LES MÊMES, MARGARITA.

ESBROUFFINI. Ah! voici Margarita, ma libératrice... la protégée de la comtesse...

MARGARITA. Suivez-la, suivez-moi; les flammes ont déjà atteint le premier étage, et moi-même...

LES DÉLASSEMENTS. Pour une femme incendiée, elle a une toilette assez fraîche.

ESBROUFFINI. Quel... événement!...

MARGARITA. À qui le dis-tu, ô Diégo! cette [illegible] est sur le point d'être détruite si on ne la secoure au plus tôt.

Air nouveau de Gourlier.

Mon enfance heureuse,
[illegible]
S'écoule joyeuse
Dans cette maison;
Hélas! voici l'heure
De la voir, oui-dà!
Me voir chanter et pleurer
Ce [illegible]-là!
Sauvez, sauvez l'humble demeure
Où mon enfance s'écoula!...

TOUS.

Sauvons, sauvons l'humble demeure
Où son enfance s'écoula!...
Tra, la, la, la, la!
Tra, la, la, la, la!

LES DÉLASSEMENTS. Mais, en attendant, ils ne sauvent rien du tout...

LA PHOTOGRAPHIE. Ils ne se sauvent même [illegible]...

ESBROUFFINI. L'incendie est considérable et, malgré notre courage...

MARGARITA. Vous ne seriez pas assez de monde pour lutter contre ce terrible fléau...

LES DÉLASSEMENTS. Il n'y a donc pas de pompiers dans cette [illegible]?...

MARGARITA. Oh! voilà... C'est une troupe de gitanos... C'est la Providence qui les envoie.

TOUS. Vivent les gitanas!...

SCÈNE IV

LES MÊMES, GITANAS.

RÉCITATIF.

PREMIÈRE GITANA.

On a besoin de nous, nous, je le parie!
Que voulez-vous? Parlez!

ESBROUFFINI.

Le secours de vos bras...
Voyez, voyez, là-bas.
Cette immense lueur, cette flamme agrandie...

LA GITANA.

Ciel! c'est une maison en proie à l'incendie!

DEUXIÈME GITANA.

Courons, courons l'éteindre...

TROISIÈME GITANA.

Un instant, s'il vous plaît,
Des chansons du pays disent... un couplet!

D'ABORD.

Soit! mais rien qu'un couplet.

PREMIÈRE GITANA.

Air nouveau de Gourlier.

I

A voir son teint de bistre
Et son regard sinistre,
Chanter comme un écho,
Et s'... si diano!
Sa vie est un [illegible] splendide... !
C'est un Bohème!
Sa foi, }
Ni Li, } (bis).
Sans [illegible], }
Ni [illegible], }
Ni Dieu!

Le gitano n'a pas de frère,
Pas de parents et pas d'amis,
A peine s'il connaît sa mère ;
Qu'il trouve en route un coin de terre
Pour s'endormir... c'est son pays!

CHOEUR.

Sa vie est un blasphème, etc.

DEUXIÈME GITANA.

II

Le gitano, roi sans couronne,
Partout se drape en conquérant ;
Pour s'enrichir, il a l'aumône,
Il prend toujours ce qu'on lui donne ;
Ce qu'on lui refuse... il le prend !

REPRISE AVEC DANSES.

Sa vie est un blasphème, etc.

TROISIÈME GITANA.

III

Puis un beau soir, par le gendarme,
Il est traqué comme un lion ;
A la mort seule il rend son arme,
Et sans verser même une larme,
Il meurt, mais sans confession!

REPRISE AVEC DANSES.

Sa vie est un blasphème, etc.

SCÈNE V

LES MÊMES, LA COMTESSE.

LA COMTESSE. Ah! mes amis! mes amis!...
ESBROUFFINI. La comtesse !
TOUS. La comtesse!
LA COMTESSE. La demeure de mes aïeux n'est plus qu'une ruine fumante...
LES PAYSANS. O malheur!
LA COMTESSE. Ruinée! plus rien !

SCÈNE VI

LES MÊMES, L'INTENDANT.

L'INTENDANT. Non. Toujours riche! Vous êtes sauvée !
LA COMTESSE. Comment.
L'INTENDANT. La maison est assurée depuis ce matin.
ESBROUFFINI. La Providence veillait sur nous.
L'INTENDANT. C'est justement par cette compagnie-là.
LA COMTESSE. Et en reconnaissance du secours que vous m'avez porté... je vous dote, mes enfants, et Diégo, pourra épouser celle qu'il aime!
ESBROUFFINI. Merci, ma bienfaitrice. Mes amis, criez avec moi, vive madame la comtesse!
LA COMTESSE. Non, criez vive l'assurance, car c'est à elle que nous devons aujourd'hui notre bonheur.

AIR nouveau de M. GOUBLIER.

L'assurance (bis)
A vraiment son utilité,
Et je pense,
Oui, je pense
Qu' son élog' doit être chanté.

Si d'un feu vous êtes victime,
V'nant d' chez vous ou bien d'à côté,
Moyennant un' modeste prime,
On vous donne une indemnité.

REPRISE EN CHOEUR.

ROSETTE.

Lycéen sortant d' ta coquille,
Qui, les yeux baissés, fais ta cour,
Que t' manqu'-t-il auprès d'un' jeun' fille,
Pour fair' accepter ton amour ?

TOUS.

L'assurance, etc.

TROISIÈME GITANA.

Jeunes conscrits, qui dans les veines
N'avez pas du sang de héros,
Qu' vous faut-il pour calmer vos peines
Et braver d' mauvais numéros ?

TOUS.

L'assurance, etc.

MADRAS.

Quand de vin de France ou d'Espagne,
J'ai l'estomac bien saturé ;
Quand je bats galment la campagne,
J' voudrais qu' mon pas fût assuré.

TOUS.

L'assurance, etc.

MARGARITA.

Il est plus d'un' moitié parjure
Oubliant ses premiers serments ;
Moi, je demande qu'on assure
Les maris contre les amants.

TOUS.

L'assurance, etc.

PREMIÈRE GITANA.

L'invention m' parait jolie,
Mais ell' satisf'ra mon désir;
Quand l'assurance sur la vie
Nous empêchera de mourir.

TOUS.

L'assurance, etc.

DEUXIÈME GITANA.

Qu'une femm' manque d'élégance,
Qu'elle soit laide ou fris' cinquante ans;
C'est une plaque d'assurance
Contre les propos des galants.

TOUS.

L'assurance, etc.

ESBROUFFINI.

On cherche un vrai ténor qui dure,
Sans en trouver, soins superflus!
J'en' vois qu' moi ; mais j' veux qu'on m'assure
Cent mill' livr's de rente... pas plus !

TOUS.

L'assurance, etc.

LA PHOTOGRAPHIE.

Monsieur Bressant, bien qu' mince et frêle,
Est mon artiste préféré...
S'il est beau, c'est qu' contre la grêle,
Son papa l'avait assuré.

TOUS.

L'assurance, etc.

LES DÉLASSEMENTS.

Votre genre est plein d'élégance;
Mais je trouv' mes flons-flons plus gais;
Veuillez agréer l'assurance

(Parlé) de ma considération la plus distinguée !

TOUS.

L'assurance, etc.

CHANGEMENT.

TROISIÈME TABLEAU

CHEZ M. RAMEAU

Une salle à manger.

—

SCÈNE PREMIÈRE

LES DÉLASSEMENTS, LA PHOTOGRAPHIE.

LA PHOTHOGRAPHIE, entrant. Voyons... viens-tu?... oh! quel lambin tu fais !...
LES DÉLASSEMENTS. Photographie, vous êtes dure avec moi... où me menez-vous?
LA PHOTHOGRAPHIE. Tu es arrivé.
LES DÉLASSEMENTS. Chez qui, S. V. P.?
LA PHOTOGRAPHIE. Chez monsieur Rameau et sa famille.
LES DÉLASSEMENTS. Qu'est-ce que c'est que monsieur Rameau et sa famille?
LA PHOTOGRAPHIE. Nous sommes au moment de passer le drame en revue.
LES DÉLASSEMENTS. Ah! le drame ! tu aurais dû me dire de prendre des mouchoirs.
LA PHOTOGRAPHIE. Mais avant de t'exhiber cette autre variété de l'art dramatique, je crois de mon devoir de te faire assister à ses conséquences... la famille Rameau, depuis dix ans, ne quitte pas les théâtres de la Gaîté et de l'Ambigu... elle en a pris les allures et le langage.
LES DÉLASSEMENTS. J'y suis.
LA PHOTOGRAPHIE. Silence! prête ton attention... voici monsieur Rameau.
LES DÉLASSEMENTS. J'ouvre mes oreilles à deux battants.

SCÈNE II

LES MÊMES, M. RAMEAU.

M. RAMEAU, en bras de chemise, son rasoir à la main (trémolo à l'orchestre). Je me rase et je n'ai pas d'eau chaude!... et l'atmosphère est glacée. Seigneur! pourquoi m'abandonnez-vous, quand je me rase?
LES DÉLASSEMENTS. En voilà des effets de style!
MONSIEUR RAMEAU, appelant. Marguerite!... Marguerite! (Marguerite parait).
MONSIEUR RAMEAU. C'est elle!
MARGUERITE. C'est lui (forté).
MONSIEUR RAMEAU. Marguerite, lorsque tout enfant, j'apprenais de ma mère à promener un rasoir intelligent sur mon épiderme velu, ses soins, ses attentions se traduisaient alors par une bouilloire d'eau tiède. Pourquoi êtes-vous moins bonne que ma mère qui était femme de chambre?
MARGUERITE. Je ne suis pas coupable, monsieur!.. ne m'accusez pas!.. j'ai dormi trop tard... je souffre tant depuis quelques jours...
MONSIEUR RAMEAU. Pauvre enfant! dites-moi vos peines.
MARGUERITE. J'ai mal aux dents.
RAMEAU. Juste ciel! faites-la vous extraire.
MARGUERITE. Jamais! non jamais, le fer d'une main étrangère n'entrera dans ma bouche souffreteuse.
RAMEAU. Noble cœur!
MARGUERITE. Voici madame!
RAMEAU. Emélie! (Madame Rameau entre gracieusement). Bonjour Bichette!.. déjà levée! (bas à Marguerite) dissimulons!
EMELIE. Non, mon ami... Sortie, lorsque sept heures sonnaient au beffroi de Saint-Laurent, vêtue d'une simple robe blanche, la

tête coiffée d'un bonnet frais comme une chanson d'amour, je fus chercher une entre-côte pour notre dîner.

RAMEAU. Avec des pommes de terre!

ÉMÉLIE, *douloureusement*. Oui!

RAMEAU. Malheureuse! tu sais qu'elles m'indisposent!

ÉMÉLIE, *à part*. Je ne l'ignore pas.

SCÈNE III

LES MÊMES, PAULINE.

PAULINE. Ma mère... un étranger est là qui ne veut parler qu'à vous seule.

ÉMÉLIE. Un étranger!

RAMEAU. Elle s'est troublée!

PAULINE. Vêtu d'une manière assez bizarre, il porte sur son dos deux vases d'une forme étrange, lesquels contiennent, en assez grande quantité, une sorte de liqueur plutôt blanche que jaunâtre.

RAMEAU. S'est-il nommé?

PAULINE. Non!

RAMEAU, *à lui-même*. Qui ce peut-il être?.. Ah! comme Émélie est pâle!

ÉMÉLIE *à Rameau*. Vous me soupçonnez, Auguste?

RAMEAU. Non, j'attends!

PAULINE. Faut-il l'introduire?

ÉMÉLIE. Qu'il entre!

MARGUERITE, *à elle-même*. Que va-t-il se passer, j'ai peur.

SCÈNE IV

LES MÊMES, LE PORTEUR-D'EAU.

LE PORTEUR-D'EAU. Ch'est moi!

ÉMÉLIE. Le porteur-d'eau!

RAMEAU. Quelle terrible figure a cet homme! et pourquoi a-t-il les mains aussi noires? serait-ce un signal?

LE PORTEUR D'EAU. Avez-vous bechoin d'eau?

RAMEAU, *à lui même*. Soyons machiavélique! (*haut*) Vous êtes fils de l'Auvergne?

LE PORTEUR D'EAU. Oui, bourgeois, je suis de Clermont... Ousqué la fontaine?.. est-ce qu'elle est déménagée?

RAMEAU. Un instant.

ÉMÉLIE, *à elle-même*. Que va-t-il lui dire?

RAMEAU. Il y a longtemps que vous foulez le sol boueux de notre moderne Babylone?

LE PORTEUR D'EAU. S'il vous plait?

RAMEAU. Répondez sans feindre!

LE PORTEUR D'EAU. Ousqué la fontaine?

RAMEAU. Répondez donc, misérable!

LE PORTEUR D'EAU. C'est que madame me doit encore le mois de mars.

RAMEAU. Si vous êtes de l'Auvergne, (*à part*) forçons-le à se trahir... Chantez!

LE PORTEUR D'EAU. Mais!

RAMEAU. Chantez!

LE PORTEUR D'EAU. (*posant ses seaux*) Quel drôle de bourgeois... Je vas chanter, mais on me paiera le mois de mars.

AIR : *Rose de Saint-Flour.*

A Chaînt-Flour, lorsqu'un jeune homme
Est d'âge à prendre un état,
Chon pér' lui dit : Tu f'ras comme,
Tout comm' a fait ton papa.
Prends mes cheaux et ma bricole,
A Paris, va-t'en tout d'go ;
Car chest la meilleure école
Pour devenir porteur d'eau.
Fends du bois, ramonne, mon homme,
Monte de l'eau par chi, par là ;
Le gros chou fait la groche somme.
Eh! youp là!
La Catarina!

REPRISE.

LE PORTEUR D'EAU.

A Chaînt-Flour, lorsqu'une fillette
Veut prendre un établich'ment,
Chon pér' lui dit : Ma pauvrette,
Fais fac' comme ta maman.
Prends des cheaux, une bricole,
A Paris va-t'en tout d'go ;
Car chest la m'eu l'heure école
Pour deven'r porteuse d'eau.
Aie autant d' courage qu'un homme,
Monte de l'eau par chi, par là ;
Le gros chou fait la groche somme.
Eh! youp là!
La Catarina!

LES DÉLASSEMENTS, *s'avançant*. Un instant, je demande à chanter le dernier couplet.

RAMEAU. Un étranger!

LES DÉLASSEMENTS.

A Paris, messieurs, mesdames,
Vous êtes, en vérité,
Trop toqués des mélodrames
De l'Ambigu, d' la Gaîté.
Qu'on pleure d'une sombre histoire,
Qu' la nuit on en ait rêvé,
Soit! mais qu'on n'aille pas croire,
Hélas! que c'est arrivé.
C'est vraiment trop de foi naïve,
Il faut vous guérir de cela ;
J'aime mieux vous entendre crier : Vive,
Eh! youp là!
La Catarina!

REPRISE.

C'est vraiment, etc.

RAMEAU. Monsieur, cette leçon...

LES DÉLASSEMENTS. Ce n'est pas une leçon, c'est une manière de voir.

AIR : *Qu'il est flatteur.*

Le mélodrame a d'ordinaire
Un : Sauvé, Seigneur! solennel ;
Un : Ciel! c'est la croix de ma mère!
Un : Vous pâlissez, colonel!
Le : Combien je souffre! domine ;
Le : Trop tard!! tonne avec éclat.
Et l' résultat de cette cuisine,
C'est l' crétin qu' vous voyez là!

RAMEAU. Un crétin?

LA PHOTOGRAPHIE. Oui, un crétin; et pour vous corriger, allons pleurer à la pièce militaire.

LES DÉLASSEMENTS. J'y vais avec vous; pas par passion, mais par devoir, monsieur.

ÉMÉLIE. Il est joli garçon... (*aux Délassements*), vous me donnerez le bras, messire.

LES DÉLASSEMENTS. Comment donc! les deux si vous vouliez... Je mets mes deux bras à vos pieds... je les mènerai en route...

RAMEAU. En route!

TOUS. En route!

LES DÉLASSEMENTS. Et que la tragédie qui va suivre nous soit légère.

RAMEAU. Mort Dieu! allons-nous assez prendre de plaisir!

ENSEMBLE.

AIR : *Diable d'argent.*

Allons voir (*bis*) la pièce militaire ;
Allons-y (*bis*) tristement.
Allons-y, c'est une bonne affaire ;
Nous aurons de l'agrément.

(*Ils sortent.*)

QUATRIÈME TABLEAU

UN CAMP

—

SCÈNE PREMIÈRE

CRIQUET, MADELON, BELLOTTE, VICTOIRE, L'ESPÉRANCE, TAPAGEUSE. *Ces divers personnages entrent en scène, dans l'ordre suivant :* BELLOTTE *en vivandière des pupilles de la garde, et* VICTOIRE, *en vivandière des grenadiers de la garde, ouvrent la marche ; viennent ensuite* MADELON *et* CRIQUET. MADELON *est en vivandière des Gaules et a un bouquet de mariée au côté,* CRIQUET *est en conscrit, uniforme tout blanc, et a aussi un bouquet de noces. Le cortège est fermé par* L'ESPÉRANCE, *en vivandière d'infanterie de ligne, et* TAPAGEUSE, *en vivandière du train des équipages. Costumes du premier Empire.*

CHŒUR.

AIR (2e motif) : *Asnières*, quadrille (A vos souhaits).

Marchez }
Marchons } au pas.
Sans tracas,
Sans, hélas,
A défaut d'un beau carrosse,
Car, un jour de noce,
Il faut, n'est-ce pas?
Mettre les époux au pas.

VICTOIRE.

(*Suite de l'air.*)

Le tambour offre une leçon parfaite,
Et ce rafla si solennel
En deux temps la complète :
Le mari doit marcher à la baguette,
Et se tenir, heureux mortel,
Prêt au premier rappel.

REPRISE DE L'ENSEMBLE.

Marchons }
Marchez } au pas, etc.

VICTOIRE. Rompez les rangs...

CRIQUET. Merci, mademoiselle Victoire... chère Madelon, il m'est donc permis nonobstant z'et incontinent de deviser avec vous de ma flamme amoureuse...

BELLOTTE. Vous aurez bien le temps, quand vous serez mariés...

MADELON. Et nous allons l'être, cher Criquet.

CRIQUET. Oh! oui, mademoiselle Madelon; que mon bonheur sera égal à ma félicité!...

L'ESPÉRANCE. Vous avez un peu de chance, vous, qu'un armistice vous permette de vous unir légalement!...

VICTOIRE. Moi, depuis que je sers, pas d'armistice...

CRIQUET. Alors, pas d'union...

VICTOIRE. Oh! si tout de même... seulement, pas le temps de la légitimer... pas plutôt mariée que je suis veuve...

MADELON. D'abord! Dépêchons-nous...

CRIQUET. Je ne demande pas mieux...

VICTOIRE. Nous attendons le tambour major, qui, d'ordinaire, en campagne, remplit les fonctions de notaire et de maire... plus les invités...

BELLOTTE. Et il y en aura... tout le monde va s'inviter... notre chère Madelon est si aimée...

L'ESPÉRANCE. Et c'est justice...

AIR : *Pour lors, héros en herbe* (Almanach comique.)

> Mad'lon la vivandière
> N'a que de bon trois-six ;
> Tout l'monde boit dans son verre,
> En paya... en gratis.
> Fais-en l'épreuve,
> Et qu'on s'abreuve
> A son b'don,
> Donc, donc.

REPRISE.

> Fais-en l'épreuve, etc.

BELLOTTE, *à Criquet.*

> J'connais une recette
> Pour l'enrichir, mon fils ;
> C'est d'remplir sa cassette
> En vendant du cassis.

ENSEMBLE.

> Fais-en l'épreuve, etc.

VICTOIRE, *à Criquet.*

> Cette fille économe
> N'vous fera pas voir le tour,
> Elle gardera pour son homme
> Tout son parfait amour.

ENSEMBLE.

> Fais-en l'épreuve, etc.

SCÈNE II

LES MÊMES, LA PHOTOGRAPHIE, LES DÉLASSEMENTS.

LA PHOTOGRAPHIE *entrant.* Mais arrive donc...

LES DÉLASSEMENTS. Comme ça, devant tout le monde...

LA PHOTOGRAPHIE. Mêlons-nous à cette fête guerrière...

LES DÉLASSEMENTS. Mais je ne suis pas de la pièce...

LA PHOTOGRAPHIE. Tu joueras celle-là, pour te distraire...

LES DÉLASSEMENTS. Ce n'est pas mon genre...

LA PHOTOGRAPHIE. Tu dois voir tous les genres en général...

LES DÉLASSEMENTS. Va pour la pièce militaire...

CRIQUET. Quels sont ces étrangers, nonobstant?...

LA PHOTOGRAPHIE. Nous sommes Français...

LES DÉLASSEMENTS, *fredonnant.* Je suis Français, mon pays avant tout...

LA PHOTOGRAPHIE. Et je viens vous annoncer que le tambour major...

MADELON. Notre notaire...

CRIQUET. Notre maire...

LA PHOTOGRAPHIE. Est...

CRIQUET. Est quoi?...

LA PHOTOGRAPHIE. Comic!...

TOUS. C'est...

LA PHOTOGRAPHIE. Mort d'une fièvre de croissance...

MADELON. Pas de notaire...

LA PHOTOGRAPHIE. Monsieur a été clerc d'avoué...

LES DÉLASSEMENTS. Sous le ruisseau...

LA PHOTOGRAPHIE. Sous le ruisseau, c'est clair ; voilà le notaire demandé...

CRIQUET. Que c'est le ciel qui nous l'envoie... Venez au bagage, revêtir le costume de circonstance...

MADELON. Et dépêchez-vous... Voici nos invités qui arrivent...

LES DÉLASSEMENTS. Est-ce qu'il y aura beaucoup de monde?

VICTOIRE. Cent cinquante mille hommes.

LES DÉLASSEMENTS. Ça ne tiendra jamais ici...

LA PHOTOGRAPHIE. Bah! en se serrant un peu...

CRIQUET, *entraînant les Délassements.* Venez... venez.

LES DÉLASSEMENTS. Pourvu qu'on ne tire pas de coups de fusil. Je n'aime pas les pièces à poudre... (*Il sort avec Criquet.*)

SCÈNE III

LES MÊMES, *moins* LES DÉLASSEMENTS *et* CRIQUET. PIF-PAF *en vivandière des chasseurs de la garde,* TARATA *en vivandière des dragons de l'Impératrice,* FIL-A-VOILE *en vivandière des marins de la garde,* GUILLERETTE *en vivandière des hussards de la mort.*

ENSEMBLE

Air connu.

> Père Barbançon,
> Bon, bon,
> Pay's-tu l'riquiqui ?
> Oui, oui,
> Aux sous-officiers de la garde, de la garde!
> Père Barbançon,
> Bon, bon,
> Pay's-tu l'riquiqui,
> Oui, oui,
> Aux sous-officiers de la garnison.

PIF-PAF. Bonjour, Madelon.

TARATA. Madeline.

FIL-A-VOILE. Madelinette.

GUILLERETTE. Madelon-ron-ron...

MADELON. Bonjour, mes amies... (*Poignées de mains.*)

PIF-PAF. Eh bien! et cet époux chéri?...

GUILLERETTE. Pas de futur présent...

MADELON. Il va revenir avec le notaire.

TARATA. Est-il gentil, ton mari?

MADELON. Beau comme le jour...

GUILLERETTE. Le jour qu'il pleuvait tant ?...

MADELON. Cette Guillerette, toujours folle...

GUILLERETTE. Est-ce que tu crois que mon uniforme déteint sur moi?...

FIL-A-VOILE. Te rendra-t-il heureuse?...

MADELON. Je l'espère... sinon... (*Geste de menace.*)

TOUTES. Bravo!...

LA PHOTOGRAPHIE. Quelle gaillarde!...

GUILLERETTE. Elle est femme à lui couper les oreilles...

PIF-PAF. Et, sans vous commander, où trouverez-vous une chambre nuptiale?...

MADELON. Ah! dame!... à la guerre comme à la guerre, nous coucherons à la belle étoile...

AIR : *Dans les gardes françaises.*

> La chambre nuptiale
> N'a rien de bien joli...

MADELON.

> Si, vraiment, rien n'égale
> Le ciel pour ciel de lit,
> La lune pour veilleuse,
> L'gazon pour oreiller...

LA PHOTOGRAPHIE.

> Chut!... Madelon est heureuse;
> Pourquoi la réveiller?

VICTOIRE. Silence sous les armes, voilà M. le notaire.

SCÈNE IV

LES MÊMES, CRIQUET, LES DÉLASSEMENTS, *en notaire, avec robe noire et perruque à marteaux.*)

CHŒUR.

AIR : *Lorsqu'on invite* (A vos souhaits).

> Puisque l'armistice
> Nous laisse un moment de bon,
> Vite qu'on unisse
> Criquet et Mad'lon.

(*On dispose une table et une chaise au fond du théâtre, derrière lesquels on étage des tambours surmontés d'un drapeau. Les Délassements s'asseoient et étalent des papiers sur la table.*)

LA PHOTOGRAPHIE, *d'un ton nazillard.* Silence!...

LES DÉLASSEMENTS. Où sont les futurs?...

MADELON. Voilà.

CRIQUET. Présent.

LES DÉLASSEMENTS. Je vais lire les préliminaires du contrat, au fur et à mesure que je les rédigerai; après quoi, chacun des futurs époux dira ce qu'il apporte à son futur z'époux...

LA PHOTOGRAPHIE. Oh! un cuir...

LES DÉLASSEMENTS. C'est une pièce militaire. (*Écrivant et lisant.*) Par-devant M. Délassements-Comiques, notaire sérieux, et son collègue, les Folies-Dramatiques, demeurant à Paris, boulevard du Temple, numéro soixante-deux, ont comparu... — Vos noms, jeune homme?...

CRIQUET. Joséphine-Madelon, Beaupertuis...

LES DÉLASSEMENTS, *se levant.* Quoi! vous seriez un homme qui serait une femme, comme dans la *Circassienne*?

CRIQUET. Mais non...

LES DÉLASSEMENTS. La loi s'oppose à ce que j'unisse deux personnes du même sexe.

CRIQUET. Mais non... je vous donne les noms de ma future...

LA PHOTOGRAPHIE. Ce sont les vôtres qu'on vous demande...

CRIQUET. Ah! bien. Léonidas Criquet.

LES DÉLASSEMENTS, *se rasseyant.* Criquet, votre domicile?

CRIQUET. Je n'en ai pas...

LES DÉLASSEMENTS, *se levant.* On ne peut pas marier un homme qui n'a pas de domicile.

CRIQUET. Je loge sur le champ de bataille...

LES DÉLASSEMENTS, *se rasseyant.* C'est une raison. Léonidas Criquet, demeurant en Europe... E ?... (*à Madelon.*) Votre nom?

MADELON. Femme Criquet...

LES DÉLASSEMENTS. Vous ne l'êtes pas encore...

MADELON. Oh! Monsieur, il s'en faut de si peu.

LA PHOTOGRAPHIE. Madelon Beaupertuis.

LES DÉLASSEMENTS. Madelon Beaupertuis, même domicile, lesquels, sur le point de s'unir en mariage, ont arrêté, comme suit, les conditions de leur contrat..... La future apporte... Allons, bon... Un pâté...

CRIQUET. Un pâté... Ce sera pour le repas de noces...

LES DÉLASSEMENTS. Du tout, j'ai fait un pâté... imbécile!...

CRIQUET. Comme il se dit des choses désagréables.

LES DÉLASSEMENTS. Voici la partie sérieuse; attention...

CHŒUR.

AIR : *Le vrai matelot* (Henrion).

> Procédons / Procédez } vite au contrat,

Au contrat de la vivandière.
Voyons ce qu'elle apportera ;
Par-devant monsieur le notaire,
Procédons vite au contrat,
Voyons ce qu'elle apport'ra
En argent, la commère,
Oui-da,
En or, et cœtera,
Fla.

MADELON.

A mon futur,
Le fait est sûr,
Je donne
Ma personne,
Item mon cœur,
Et mon honneur,
Que pas un ne soupçonne;
Dito, ma main
C'est un satin,
Un fin
Tissu de crêpe;
Dito, toujours
Mes yeux d' velours,
Ma bouche en cœur, mes frais atours,
Et ma taille de guêpe...
Voilà !
Oui-da.

CHŒUR.

Procédons } vite au contrat, etc.
Procédez }

CRIQUET.

A Madelon
J' donn' tout du long
Tout c' que j' possèd' sur terre,
Mon sentiment,
Et c't'air charmant
D'un fils du dieu d' la guerre;
J'y donn' mon cœur,
Qu'a zune odeur,
Zun parfum de caserne;
J'y donn' mon nom
D' Criquet, tout d' bon,
Et l' bâton
D' maréchal..., cré nom !
Qui se trouve dans ma giberne,
Voilà !
Oui-da.

CHŒUR.

Procédons } vite au contrat,
Procédez }
Du mari de la vivandière, etc.

LES DÉLASSEMENTS.

Sur quoi, sans hélas !
Maître Délass'
Ayant fini son acte,
S'est dit :
D' la femme et du mari
V'là la fortune exacte;
Mais, à présent,
C' manque d'argent
Ne fait pas mes affaires;
Qui m' rembours'ra
D' mes frais de contrat?
Bah! c'est la future qui va
Payer mes honoraires
(Il embrasse Madelon.)
(Parlé.) Pour acquit.
Voilà,
Oui-da.

REPRISE DU CHŒUR.

CRIQUET. Et maintenant mariez - nous....
mais c'est gratis...
LES DÉLASSEMENTS. Voilà. — Au changement!... (Il dépouille sa robe et jette sa perruque, et paraît en officier municipal.)

TOUS. Vive monsieur le Maire !
VICTOIRE. Alerte!.. alerte!..
TOUS. Qu'y a-t-il?..
VICTOIRE. Une vivandière de l'armée enne-
mie vient d'entrer dans le camp... la voici...
MADELON. Ne nous quittez pas, monsieur le
Maire...
LES DÉLASSEMENTS. Non, votre maire sera un
père pour vous...
VICTOIRE. Approchez...

SCÈNE V

LES MÊMES, PRETTY.

PRETTY en vivandière anglaise des Dragons-
nobles. Pardonnez à moi... je étais vivandière des Dragons nobles de le Angleterre, et
je venais dire à vo... le réputation de miss
Madelon a franchi les avant-postes, et la nouvelle du mariage d'elle-même y est arrivée...
et, pendant le armistice, les vivandières de le
étranger volaient faire le noce avec vô...
very well.
LES DÉLASSEMENTS. Comme c'est vraisem-
blable... ah! ces pièces du Cirque!...
MADELON. Qu'est-ce que vous en dites?..
CRIQUET. Adopté. — Pendant l'armistique,
il n'y a plus d'ennemis. (Il tape sur le ventre
des Délassements).
LES DÉLASSEMENTS. Jeune homme, respectez
le ventre de votre maire...
TOUTES. Adopté...
PRETTY. Aoh! very well... arrivez-vous, vous
autres...
LES DÉLASSEMENTS, De plus en plus vraisem-
blable.
LA PHOTOGRAPHIE. Avec ça que tes pièces si-
gnifient quelque chose...
LES DÉLASSEMENTS. Photographie, je vous prie
de ne pas me jeter de pierre, côté jardin.

SCÈNE VI

LES MÊMES, FRÉDÉRIQUE (en vivandière de la
landwehr prussienne), THÉRÈSE (en vivandière des hulans autrichiens), INÈS (en vivandière du régiment espagnol d'Estrama-
dure), YELVA en vivandière de la garde
impériale russe).

CHŒUR.

AIR : Fanfare.

Suspendons les hostilités,
Venons, venons, de tous côtés;
L'ennemi d'hier, aujourd'hui,
A le droit de se dire ami;

PRETTY les désignant. Vivandière de la garde
impériale russe. De le régiment espagnol
d'E-tramadure. Des hulans autrichiens et de
la landwher prussienne.
LES DÉLASSEMENTS. Il paraît que celle-là est
venue sans son Prussien...
MADELON. Soyez les biens venues...
CRIQUET. Et assistez simultanément à notre
union... allez-y, monsieur le maire...
LES DÉLASSEMENTS. J'y vais... vous vous jurez
fidélité?..
MADELON. Je ne jure jamais...
LES DÉLASSEMENTS. Aide et protection?
CRIQUET. Oh! je suis sûr qu'elle me protè-
gera..
LES DÉLASSEMENTS. Vous consentez à vous
prendre pour mari et femme?..
MADELON. Oui...
CRIQUET. Plutôt deux fois qu'une.
LES DÉLASSEMENTS. En ce cas vous êtes unis,
(Il les unit avec un geste grotesque). En avant
la musique!..

CHŒUR.

AIR : Fanfare de la retraite.

Heureux époux !
Leur union est faite;
Qu'ell' soit parfaite,
Que leurs jours soient doux,
Exempts d' soupçons jaloux,
Qu'ils vivent longtemps,
Remplis de feux constants,
Tout comme à leur printemps;
Qu'ils viv'nt longtemps,
Qu'ils aient beaucoup d'enfants.

(Pendant le chœur on a mis quatre couverts sur
la table, et distribué des gamelles et des cuillers
à tous les personnages.)

CRIQUET. Et maintenant au repas de noces...
LES DÉLASSEMENTS. Si vous m'aviez dit ça,
j'aurais retenu un salon de cent couverts.
MADELON. Voilà votre place... à côté de
moi... madame ici, et mon mari là...
LES DÉLASSEMENTS. Je suis invité?..
CRIQUET. Comme maire...
LES DÉLASSEMENTS. Eh ! bien... et comme no-
taire?
CRIQUET. Aussi!..
LES DÉLASSEMENTS. C'est bien, je mangerai pour
deux... (les Délassements, la Photographie,
Madelon et Criquet sont à table.)
CRIQUET. Et maintenant vive la joie! Que
l'on chante chacun son tour et itérativement,
parce qu'en chantant tous ensemble ça serait
trop vite fini.
LES DÉLASSEMENTS. Je suis de l'avis du marié,
chacun sa mélodie... ça se fait comme ça
dans les noces du grand monde.
MADELON. Honneur aux étrangères...
VICTOIRE. Allez-y, l'Espagnole...
INÈS. Je ne peux pas chanter sans casta-
gnettes...
GUILLERETTE. Passons à la Russie...
YELVA. J'aime mieux aller en traîneau...
LES DÉLASSEMENTS. Ça dépend des goûts.
CRIQUET. Ah bien!.. si on se fait prier, que
ça n'est plus amusant et récréatif... non-
obstant...
FRÉDÉRIQUE. Ché gommence...
LES DÉLASSEMENTS. Une chanson allemande,
parfait! çà m'apprendra à comprendre l'ita-
lien...

FRÉDÉRIQUE.

AIR : Allemande (Vladimir).

Ya! ya! les schmidt, les schwartz, du chant sont des
phénix;
Ya! ya! les schmidt, les schwartz, aux Français di-
Nix !   sent nix !

LES DÉLASSEMENTS. Très-joli.
FRÉDÉRIQUE. Teuxième gouplet...

Même air.

Nix! nix! chez les Français pas un chanteur n'y a:
Nix! nix! les schmidt, les schwartz sont les seuls
vrais, ya! ya!

LES DÉLASSEMENTS. Ça vient du Tannhœuser,
un opéra que l'on a essayé de représenter à
Paris, seulement ça manque un peu chou-
croute.
PRETTY. Il n'y avait pas comme le musique
de le Angleterre.
LES DÉLASSEMENTS. Avec des pommes de
terre autour.
PRETTY. Écoutez moi ça...
LA PHOTOGRAPHIE. On vous attend.
PRETTY. Ce était oune petite jeune homme
que le père d'oune petite jeune file, il avait
surpris faisant le jardin... non, le cour à
elle. Le père il est dans un grand, grand
colère... voyez plutôt...

AIR *anglais* (Wladimir).

Oh! oh! oh! oh!
Le vilain garçon,
Il adorait mon fille...
Yes, sir, yes, sir (*bis*);
Il trovait elle gentille;
Yes, sir, yes, sir, yes, sir;
Il périra sous le bâton.

(*Parlé*) Hein? est-il en colère... aussi il frappe le amoureux. Ecoutez bien le imitationne de la mousique...

Di, di, di, di, } (*bis.*)
Di, di, di, di, }

(*Parlé*) Le amoureux il criait au secours!.. Ecoutez encore le imitationne...

Di, di, di, di, } (*bis.*)
Di, di, di, di, }

(*Parlé*) Le père barbare il est dans le satisfactionne et il rit à gorge déployée. Ecoutez toujours le mousique imitative.

Di, di, di, di, } (*bis.*)
Di, di, di, di, }
Oh! oh! oh! oh!
Le vilain garçon!...

(*Parlé*) Est-ce assez imitatif.

LES DÉLASSEMENTS. Charmant! charmant!., Et il y a d'autres couplets?

PRETTY. Oh! yès...

LES DÉLASSEMENTS. Eh bien! si vous m'en croyez, nous en resterons là... la chanson allemande manquait de choucroûte, celle-là manque de beefteck... voyez-vous mes enfants, il n'y a encore que la chanson française; allons, une vraie ronde de circonstance, et un peu plus de gaieté que ça à la clef...

MADELON. La ronde des vivandières : le bataillon du cotillon...

LES DÉLASSEMENTS. Du moment qu'il y a du cotillon, j'aime mieux ça.

MADELON.

AIR : *Chanson de soldat.*

Le plus joli bataillon
C'est celui du cotillon;
Robe de soie ou de laine.

CHŒUR.

Tir lon taine.

MADELON.

Ont pour nous le même agrément.

CHŒUR.

Rantanplan, plan, plan. plan.

CRIQUET.

L' commandant de c' bataillon
C'est monsieur de Cupidon,
Il ne met pas de futaine.

CHŒUR.

Tir lon taine...

CRIQUET.

Pas même de cal'çon vraiment.

CHŒUR.

Rantanplan, plan, plan, plan.

LA PHOTOGRAPHIE.

Dans ce joli bataillon,
On gagne un grade, un chevron,
Sans s'donner beaucoup de peine.

CHŒUR.

Tir lon taine...

LA PHOTOGRAPHIE.

Il suffit d'être inconstant.

CHŒUR.

Rantanplan, plan, plan. plan.

LES DÉLASSEMENTS.

Ce ravissant bataillon
Pour drapeau porte un jupon,
Qu'on blanchit chaque semaine.

CHŒUR.

Tir lon taine.

LES DÉLASSEMENTS.

Il sert de rideau souvent.

CHŒUR.

Rantanplan, plan, plan, plan.

LES DÉLASSEMENTS. Qu'est-ce que vous dites de ça, la grande Bretagne?

PRETTY. Schoking, schoking!

LES DÉLASSEMENTS. Alors, place au quadrille, et en avant le bal de noces... (*coup de canon*) qu'est-ce que c'est que ça?...

CRIQUET. L'armistice est rompu... aux armes!..

MADELON. On n'aurait pas pu attendre à demain matin.

VICTOIRE. En avant!.. et chacun à son poste... nous, près de nos soldats...

PRETTY. Et nous près des nôtres.

CHŒUR.

AIR :

Pas de vaines alarmes,
C'est l'heure des combats,
Rejoignons les soldats.
Aux armes! (*trois fois.*)

(*Les vivandières se dispersent, à l'exception de Frédérique.*

SCÈNE VII

LA PHOTOGRAPHIE, LES DÉLASSEMENTS, FRÉDÉRIQUE, *puis* MADELON, *puis* LES AUTRES VIVANDIÈRES.

LES DÉLASSEMENTS. Voilà ce que je craignais, on va tirer des coups de fusil.

LA PHOTOGRAPHIE. Reste donc...

LES DÉLASSEMENTS. C'est plus fort que moi.

FRÉDÉRIQUE. Elles s'éloignent. A moi le drapeau français (*elle s'empare du drapeau qui faisait trophée au-dessus de la table.*)

MADELON, *revenant.* C'est ce que nous allons voir... *Musique. Combat au sabre, entre Madelon et Frédérique.*

FRÉDÉRIQUE. A moi!... à moi!.. (*Les vivandières étrangères viennent à son secours. Madelon lutte contre elles*).

Les vivandières françaises reviennent et se dispersent avec les étrangères. — Frédérique reste seule avec Madelon. Combat du drapeau.)

FRÉDÉRIQUE *à Thérèse, qui vient de rentrer.* Tiens!.. emporte ce trophée... qu'il soit au milieu à l'une de nous...

VICTOIRE, *revenue avec les autres vivandières.* Le drapeau de la France n'appartient qu'à la France.. vous êtes toutes nos prisonnières.

CHŒUR.

La victoire est à nous,
Courbez-vous,
La victoire est à nous,
Et dans tout l'univers
Nos lauriers restent toujours verts.

CRIQUET, *arrivant noir de poudre.* Oui, la victoire est à nous, l'ennemi est dispersé, et je suis nommé caporal.

MADELON. Caporal, mon homme! quelle chance, dans mes bras. (*Ils s'embrassent*).

LES DÉLASSEMENTS *enthousiasmé.* Eh bien! mes enfants, on a beau dire, mais les pièces militaires, cristi... on sait bien que c'est des pièces de théâtre, mais ça trifouille, parole d'honneur, j'ai des trifouillement, vive la France.

TOUS. Vive la France.

CHŒUR.

Amis, amis, vive la France
Qui marche à des succès nouveaux.
La gloire, grâce à sa vaillance,
A toujours suivi ses drapeaux.

ACTE DEUXIÈME

—

PREMIER TABLEAU

LA FOIRE SAINT-LAURENT

Une place publique.

—

SCÈNE PREMIÈRE

GILLE, COLOMBINE, CASSANDRE, ISABELLE, PANTALON. BERGERS, BERGÈRES. *Au lever du rideau, les personnages de la foire sont groupés en tableaux vivants. Au milieu d'un frais bouquet d'arbres placé au fond du théâtre Gille est assis aux pieds de Colombine qui, demi-couchée sur un banc de gazon, suspend au-dessus de la tête de Gille une rose que ce dernier cherche à saisir. D'un côté, Cassandre est dans l'attitude de la stupéfaction à leur aspect. De l'autre, Pantalon est aux genoux d'Isabelle, qui le menace pendant qu'il semble implorer leur pardon. Des bergers et des bergères forment une guirlande de danseurs, qui semblent avoir été pétrifiée au milieu d'une ronde. (Musique en sourdine. Tableau.)*

SCENE II

LA PHOTOGRAPHIE, LES DÉLASSEMENTS.

LA PHOTOGRAPHIE, *entrant avec les Délassements.* Suis moi.

LES DÉLASSEMENTS. Je vous suis les yeux ouverts... Qu'est-ce que c'est que cela?...

LA PHOTOGRAPHIE. La comédie de la foire Saint-Laurent; un genre oublié, mais que tu peux essayer de rajeunir...

LES DÉLASSEMENTS. Il faudrait d'abord le ressusciter...

LA PHOTOGRAPHIE. Rien n'est plus facile..... (*Sur un geste de la Photographie tous les personnages semblent se réveiller; les bergers et les bergères se balancent gracieusement, passent et repassent sous des guirlandes de fleurs. Isabelle relève Cassandre; Gille se promène en tenant amoureusement Colombine par la taille; Cassandre les suit à la piste.*)

CHŒUR.

AIR nouveau de Gourlier.

Quelle heureuse nouvelle!
Quel miracle, oui-dà!
Car voilà
Qu'une voix nous réveille,
Et notre cœur déjà
Fait ti ta, ti ta, ta...
Nous le sentons vivre et battre.
Faisons l'amour, le diable à quatre,
Riguingué, lon la!

CASSANDRE.

Ouais! je sais très-bien, maître Gille,
Que ma Colombinette est fort de votre goût.
Mais la femme est un volatile
Qui ne craint pas assez le loup.

(*A Colombine, en la séparant de Gille.*)
Gagnons le poulailler !

GILLE.

Là ! là ! père Cassandre,
Dirait-on pas que je suis un fripon !

COLOMBINE.

Lui, votre futur gendre !

ISABELLE.

Venez çà, monsieur Pantalon.
Ne vous enivrez pas aux yeux de Colombine ;
Votre femme a, je crois, encore assez de mine
Pour qu'il ne vous soit pas besoin
D'aller porter plus loin
Vos soupirs étouffés, votre œillade assassine.
Que trouvez-vous donc de si beau
A ce museau ?

PANTALON.

(*à part*)
Mon Isabelle, rien !... l'attrait du fruit nouveau !

ISABELLE.

Que voilà bien ces monstres d'hommes...
De glace avec les cœurs dont ils ont triomphé !
Innocentes que nous sommes !
Et puis tout feu, tout flamme au premier chien
CASSANDRE, *à Gille.*   [coiffé.
Peste de l'amoureux qui retourne à sa belle !
Attendez à demain !
Puisque ce jour sera celui de votre hymen.

COLOMBINE.

A toi mon cœur, à toi ma main !
(*Gilles lui baise la main.*)
ISABELLE, *à Pantalon qui contemple Colombine.*
Je vous y reprends !...

PANTALON.

Isabelle...

CASSANDRE.

Tarare ! la nuit vient ; vous aurez tout le temps,
Quand vous serez maris, de faire les amants !
Bonsoir !... Allons ! ne restons pas céans !

CHŒUR.

AIR de Gourlier.

Voici la nuit tout de bon,
La voici qui tombe,
Rentrons tous à la maison.

CASSANDRE.

Rentre au logis, ma Colombe...

ISABELLE.

Rentrez (*bis*), monsieur Pantalon.

CHŒUR.

Voici la nuit tout de bon,
La voici qui tombe ;
Rentrons tous à la maison.

GILLES.

Au moins, qu'un doux baiser...

COLOMBINE, *revenant.*

Le voilà !

CASSANDRE, *l'arrêtant.*

Je m'essouffle
A rattraper au vol tous ces baisers donnés...

COLOMBINE, *à Gille.*

Viens-le prendre...

(*Gilles accourt pour donner un baiser à Colombine, et embrasse Cassandre, qui s'est placé entre eux.*)

GILLE.

Holà ! là !... Peste soit du maroufle !
Sa barbe m'a piqué le nez...

REPRISE DE L'ENSEMBLE.

(*Cassandre entraîne Colombine dans la maison de droite ; Isabelle pousse Pantalon dans la maison de gauche. Les bergers se dispersent. — La nuit est venue.*)

SCÈNE III

GILLE, LA PHOTOGRAPHIE, LES DÉLASSE-
MENTS.

LA PHOTOGRAPHIE. Eh bien !... qu'en dis-
tu ?...
LES DÉLASSEMENTS. Ce n'est pas fort de com-
position, mais c'est gentil... Il paraît que ce
monsieur Gille est assez pressé de se marier.
LA PHOTOGRAPHIE. C'est toujours comme ça
la veille.

GILLE.

Au moment d'entrer en ménage,
J'aurais dû demander à mon papa futur
Ce qu'à ma Colombine il donne en mariage.
Quant à la dot, rien n'est moins sûr.
Je voudrais cependant palper quelques pistoles.
Qui me les fournira ?... J'y rêverai, d'ailleurs !
Ce ne sont là que babioles
Auprès de ce trésor qui gagne tous les cœurs,
Le mien, d'abord... et puis, j'y pense,
Le cœur de monsieur Pantalon.
S'il s'y frotte, il pourra fort bien payer la danse,
Et payer le violon !   somme,
Bast ! il dort, couchons nous à mon tour, car, en
On est amoureux, mais on n'en est pas moins
          homme !
(*Il se couche sur un banc à la porte de la maison
de Cassandre.*)

LES DÉLASSEMENTS. Bonne nuit, ne faites pas
de mauvais rêves... Il me va ce Gille, il est
plus comme il faut que mon voisin des Fu-
nambules... (*Musique en sourdine.*)
LA PHOTOGRAPHIE. Ecoute donc...
LES DÉLASSEMENTS. Il n'y a personne...
LA PHOTOGRAPHIE. On vient.

SCÈNE IV

LA PHOTOGRAPHIE, LES DÉLASSEMENTS,
GILLE *endormi*, QUATRE ALGUAZILS

LES QUATRE ALGUAZILS.

ENSEMBLE.

AIR nouveau de GOURLIER.

Avançons d'un pas tranquille.
Amis, parcourons la ville,
Car notre ronde est utile ;
C'est nous qui faisons le guet.
Et pendant que tout sommeille,
Dans notre soif sans pareille,
Nous allons vider bouteille
Au fin fond d'un cabaret !

LES DÉLASSEMENTS. Ils ne sont que quatre
hommes. Il paraît que, dans ce temps-là, on
n'avait pas encore inventé le caporal.

SCÈNE V

LES MÊMES, *moins* LES ALGUAZILS, PANTALON,
puis CASSANDRE.

PANTALON, *sortant de chez lui avec précaution, une
lanterne d'une main, une guitare de l'autre, un
parapluie sous le bras.*
D'amour-propre et d'amour, mon tendre cœur se
          gonfle.
J'ai pu m'esquiver du logis,
Ouf ! je puis respirer à poumons élargis...
Ma femme ronfle !
Colombine, pour voir passer sur tes rideaux
Ta silhouette qui m'allume,
Cette nuit je risque un gros rhume
Et des coups de poings dans le dos.
Dussé-je être battu, dussé-je être malade,
Je te donne la sérénade...

En toilette nocturne apparais à mes yeux...
Pour que ton Pantalon puisse enfin aller mieux.
Je demande le temps d'accorder ma guitare.

GILLES, *se réveillant.*

Oh ! oh ! qui vient sans crier gare
Gratter ainsi d'un instrument
Sous le balcon de ma future ?
Il a bien choisi son moment...
          (*Se levant.*)
Eh ! eh ! c'est Pantalon... risquons une aventure...
          (*Il disparaît avec précaution.*)

LES DÉLASSEMENTS. Voilà que ça se corse. C'est
presque aussi amusant que Guignol.. seulement je regrette que ces bonshommes-là
parlent en vers...
LA PHOTOGRAPHIE. Pourquoi donc ?
LES DÉLASSEMENTS. Ça me rappelle trop Ce
qui plaît aux femmes !

PANTALON.

Là ! je suis dans le ton, j'attaque amoroso.

MAESTOSO.

AIR :

Au clair de la lune,
Comme un vrai pierrot,
J'invite ma brune
Au tendre duo.
Daigne m'apparaître
Et combler mon vœu ;
Ouvre ta fenêtre
Pour l'amour de Dieu !

(*Cassandre ouvre la fenêtre et vide un seau sur
la tête de Pantalon.*)

PANTALON.

La fenêtre s'entr'ouvre !... Aïe ! holà... c'est de l'eau !
(*Il ouvre son parapluie et continue à chanter
et à s'accompagner en le tenant ouvert.*)

MÊME AIR.

Qu'un mot me console,
Comble mon espoir ;
Viens en camisole,
En simple peignoir.
Déjà, quel supplice !
J'ai l' nez pris, morbleu !
Dis moi : Dieu t' bénisse !
Pour l'amour de Dieu !
          (*Il éternue.*)

SCÈNE VI

LES MÊMES, GILLE, *en podestat* ; LES QUATRE
ALGUAZILS, *tous une lanterne à la main.*

GILLE.

Ça ! qu'on prenne au collet ce maroufle qui trouble
Le repos des honnêtes gens.
PREMIER ALGUAZIL, *gris.*
Suivez-nous tous les deux.

PANTALON.

Je suis un...

PREMIER ALGUAZIL.

J'y vois double.

GILLE, *à part.*

Parbleu ! j'ai grisé les agents !

PREMIER ALGUAZIL.

En route !

PANTALON.

Podestat, je suis un honnête homme...
Un bourgeois de la ville.

GILLE.

Eh ! que nous chantez-vous ?
Les bons bourgeois font leur somme
Près de leur femme en bons époux.

LES ALGUAZILS.

En prison ! en prison !

PANTALON.

Au nom du ciel

GILLE.

Tarare!

PANTALON.

De pitié soyez moins avare,
Épargnez-moi la prison.

GILLE.

Soit!... versez à l'instant cinq cents pistoles nettes.

PANTALON.

Mais je n'ai pas le sol...

GILLE.

Alors, cent pichenettes,
Au choix, ou cent coups de bâton...

PANTALON.

Va pour la pichenette...

GILLE.

Oh! le maître fripon!

(Haut.)

Avancez votre nez et comptez.

(Gille et les Alguazils donnent des pichenettes
sur le nez de Pantalon.)

PANTALON.

On me fraude...
L'un me donne une chiquenaude,
L'autre une croquignole... Ho là là! ho là là!
J'aime mieux le bâton...

LES ALGUAZILS, frappant.

Voilà... voilà... voilà.

PANTALON.

Non... ni bâton ni croquignoles...
Je vais donner les cent pistoles.

GILLE, à part en recevant.

J'ai ma dot!

ISABELLE, au dehors.

Pantalon!...

PANTALON.

Isabelle!... Elle va
Des coups que j'ai reçus doubler, tripler la dose.

GILLES.

Je puis pour vous faire une chose...
Endossez ce costume-là!...

(Il lui donne son costume.)

PANTALON, le reconnaissant.

Gille!...

GILLES.

Taisez-vous donc, je vous sauve!

(Le jour est venu.)

SCÈNE VII

Les Mêmes, ISABELLE, puis CASSANDRE et
COLOMBINE. Bergers et Bergères.

ISABELLE.

Ah! le drôle!
Je lui caresserai l'épaule.

CASSANDRE.

Viens, Colombe, c'est l'heure... et je suis bien
certain...
Que Gille s'est levé matin
Pour le grand jour de l'hyménée...

GILLE.

Me voici.

CASSANDRE.

Célébrons cette heureuse journée,
Et d'abord je vais sur-le-champ
Signer mon consentement.

(Il veut écrire sur son genou et cherche sur quoi il
pourra s'appuyer.)

GILLE, à Pantalon.

Prêtez-nous votre dos.

PANTALON.

Au diable, le bélitre!

GILLE, bas.

Vous voyez que Cassandre a besoin d'un pupitre,
Prêtez-nous votre échine, ou craignez...

PANTALON, tendant le dos.

Je le crains...

(Cassandre signe un papier sur le dos de Pantalon.)

GILLE.

Mon bonheur, grâce à vous, est gravé sur les reins.

(Bas.)

Cela vous apprendra... monsieur de la fredaine,
Vieux séducteur dont je rougis,
A courir la prétentaine
Quand vous avez femme au logis.

(Cassandre unit Gille et Colombine. — Isabelle
cherche à deviner Pantalon sous son déguisement.)

LES BERGERS.

Vivent les époux! vivent nos amis!

LES DÉLASSEMENTS.

Bravo! ce dénouement me paraît fort joli,
Et cet ouvrage est bien écrit.

LA PHOTOGRAPHIE.

Quoi! tu parles en vers?

LES DÉLASSEMENTS.

C'est une épidémie...
Et je ressens l'effet de cette poésie.
Mais je m'arrête tout de bon,
Avec mes vers de mirliton...
On pourrait m'en faire un crime!
Pourtant une dernière rime:
On voit avec plaisir ces personnages-là!...

GILLE.

Ils sont de tous les temps... la preuve, la voilà!

CHŒUR.

Air: Polichinelle est un coquin (Fille du Diable).

On voit toujours des arlequins,
Des arlequins,
Toujours des Colombines!
Ah! les malins!
Ah! les coquins!
On voit toujours des arlequins (bis).
Ah! les pantins!

(On danse sur la ritournelle.)

GILLE.

A tout soleil à son matin,
Qui va fair' la courbette?

PANTALON.

C'est le malicieux Arlequin!
Quand la moisson est faite,
C'est le malicieux Arlequin!

CHŒUR.

Quel Arlequin!

CASSANDRE.

Et quelle girouette!

CHŒUR.

Il fait sa tête;
Mais le coquin
Qui change du soir au matin,
Quel Arlequin!

(On danse.)

LES DÉLASSEMENTS.

On trouve toujours des Pierrots...
Le gandin qui s'affiche
Peut compter parmi les plus beaux,
Tout ça, grâce à la biche...
Avec son œil garni d' carreaux.

CHŒUR.

Ses p'tits chapeaux!

LES DÉLASSEMENTS.
Dieu! qu'il a l'air godiche!

CHŒUR.

Ah! comme on triche
Ces jeunes beaux!
Vit-on jamais pareils Pierrots? (bis)
Ah! quels Pierrots!

(On danse.)

LA PHOTOGRAPHIE.

Et les Cassandres, en voit-on!
Voit-on des Sganarelles!
Avec le retour du bâton,
Que de Polichinelles!
La comédie est un miroir.

CHŒUR.

C'est un miroir!

LA PHOTOGRAPHIE.

Miroir des plus fidèles...
On s'y pourrait apercevoir...
Mais c'est son voisin qu'on croit voir.
Amis, ne voyons rien en noir
Dans ce miroir.

(Les personnages italiens sont vont bras dessus
bras dessous, sur le refrain, comme une noce.)

CHANGEMENT.

DEUXIÈME TABLEAU

L'ANCIEN JEU

Petit boudoir avec grande armoire.

—

SCÈNE PREMIÈRE

LES DÉLASSEMENTS, LA PHOTOGRAPHIE.

LES DÉLASSEMENTS. Où sommes-nous ici?

LA PHOTOGRAPHIE. Dans les archives de l'ancien théâtre de Madame. Je vais te faire voir le genre restauration, le vaudeville classique, la comédie bourgeoise, et tu m'en diras de bonnes nouvelles.

LES DÉLASSEMENTS, sévèrement. C'est un mot, Photographe!

LA PHOTOGRAPHIE. On fait ce qu'on peut. A moi, monsieur le conservateur. (Elle fait un signe; sort de terre M. Bernard.)

SCÈNE II

Les Mêmes, BERNARD.

LES DÉLASSEMENTS. Quel est ce vieux cassé?

BERNARD, sortant de son cadre. Je suis Bernard, monsieur, le gardien de nos richesses passées; trente ans de services sans compter les mois de congé.

Air: Contentons-nous, etc.

Pendant trente ans j'ai porté la mêm' lettre,
Pendant trente ans j'ai, d' mon emploi ravi,
Dit à madame, ainsi qu'à mon bon maître:
On vient d'att'ler, ou: l' dîner est servi.
J' fus domestique, enfin, chaque soirée,
Pendant trente ans.

LES DÉLASSEMENTS.

N' me dis pas vot' secret,
En vous voyant vêtu d'une livrée }
J'avais d'viné que vous étiez valet } (bis.)

BERNARD. Oui, monsieur, je suis domestique... mais.

Air: Quelle gêne, quel ennui (Demoiselle à marier.)

Je ne descends pas de Scapin,
Mascarille est peu mon ancêtre,

Je veux rester jusqu'à la fin
Au service de mon bon maître.
Mon dévoûment n'est pas suspect,
Depuis trente ans mon zèle brille,
Et l'on me parle avec respect ;
Je suis presque de la famille.

LES DÉLASSEMENTS. Il est superbe, on n'en fait plus comme ça

BERNARD. Monsieur désire voir notre musée?

LA PHOTOGRAPHIE. Certainement.

BERNARD. Tout cela est rangé avec soin dans des armoires à porte-manteaux, côté des hommes, côté des dames ; ici les brillants colonels, généralement de hussards, les riches banquiers ; là les veuves de dix-sept ans et les demoiselles à marier.

LES DÉLASSEMENTS. Et tous vos personnages sont bien conservés?

BERNARD. Parfaitement ; si vous voulez bien vous asseoir, je vais exhiber notre précieuse collection...

LES DÉLASSEMENTS. Faites donc comme chez vous.

ENSEMBLE.

AIR : *Délassements en vacance.*

Plaçons-nous } afin de bien voir
Placez-vous }
Le passé qui vient, par miracle,
Revivre en un charmant spectacle
Qu'on applaudissait chaque soir.

(*Les Délassements et la Photographie sont assis à l'avant-scène. Bernard ouvre l'armoire et apporte Clarisse, qu'il époussette avec un plumeau.*)

SCÈNE III

LES MÊMES, CLARISSE,

BERNARD. Cette jeune personne est une demoiselle à marier. Vous voyez, elle a une tenue de pensionnaire... les yeux baissés, les joues roses... et... Va! maintenant. (*Il remonte Clarisse comme une pendule.*)

CLARISSE, *avec des mouvements de marionnettes.* Je ne sais ce qu'a mon père depuis quelques jours ; tantôt il me contemple avec un long sourire, comme s'il était heureux de me regarder, moi qu'il voit tous les jours ; tantôt il me serre sur son cœur, comme s'il craignait de me perdre. Je n'y puis rien comprendre...

LES DÉLASSEMENTS, *chantant.*

Je n'y puis rien comprendre,
Je n'y puis rien entendre.

LA PHOTOGRAPHIE. Silence donc...

LES DÉLASSEMENTS. Ordinairement ça se chante.

CLARISSE. Le voici avec ma tante Herminie, peut-être vais-je savoir?...

LES DÉLASSEMENTS, *à Bernard.* Tirez donc papa et la tante Herminie de l'armoire, ils vont manquer leur entrée.

BERNARD. Voilà... voilà...

SCÈNE IV

LES MÊMES, MADAME DUBREUIL, HERMINIE.

CLARISSE. Mon père...
DUBREUIL. Ma fille.
HERMINIE. Ma nièce.
CLARISSE. Ma tante! (*Ils se jettent dans les bras l'un de l'autre, avec force mouvements automatiques. Bernard a brossé l'habit et le pantalon de Dubreuil.*)

CLARISSE. Mon père permettez-moi une simple question...
DUBREUIL. Parle ma fille.
CLARISSE. J'ai toujours eu mille preuves de votre tendresse, mais depuis quelque temps vous me témoignez ce me semble, plus d'affection...
DUBREUIL. En serais-tu fâchée, chère enfant.
CLARISSE. Non... mais cela cache quelque chose...
DUBREUIL *bas à Herminie.* Se douterait-elle?
HERMINIE. Peut-être.
LES DÉLASSEMENTS. Il paraît qu'elle s'en doute...
CLARISSE. Devons-nous donc nous séparer?
DUBREUIL. Qui le sait!
CLARISSE. Que signifie?
BERNARD *s'avançant et tirant une lettre de sa poche.* Monsieur, voici une lettre qu'on me remet à l'instant, (*aux Délassements*) elle est un peu chiffonnée, mais depuis le temps qu'elle sert (*il la défrippe*).
DUBREUIL. Donne... (*Bernard donne la lettre et sort.*)
LES DÉLASSEMENTS. Il s'en va, il m'allait ce vieux-là.

SCÈNE V

LES MÊMES, *moins* BERNARD.

DUBREUIL *après avoir lu.* C'est de lui.
CLARISSE. Qui, lui ?
DUBREUIL. Le père de ton prétendu, un ancien camarade de collège.
CLARISSE. Je comprends tout.
LES DÉLASSEMENTS. Ça n'est pas bien malin.
CLARISSE. Mais qu'est-ce que c'est donc qu'un prétendu.
DUBREUIL. Ah! voilà curieuse.

AIR : *Au temps heureux*, etc.

Au temps heureux de la chevalerie,
Un prétendu c'était un paladin
Qui, pour sa belle, osait risquer sa vie
Dans les tournois, une lance à la main.
Plus tard ce fut, pendant nos jours de gloire,
Le paysan revenant officier ;
Mais, maintenant, c'est toute une autre histoire,
Un prétendu c'est un riche banquier,·
Un prétendu c'est un simple épicier.

CLARISSE. Mais vous m'aviez fait espérer...
DUBREUIL. Quoi?..
CLARISSE Que j'épouserais.
DUBREUIL. Qui?
CLARISSE. Monsieur Gustave... votre filleul, mon ami d'enfance, qui m'appelait sa petite femme, que j'appelais mon petit mari.
DUBREUIL. Monsieur Gustave est le futur d'Herminie.
HERMINIE. Ma nièce.

AIR *des Deux Edmond.*

Je vois bien que ce mariage
Dans votre cœur jette l'effroi,
Mais Gustave a reçu le gage
De mon amour et de ma foi.
Que vous soyez contente ou non, ma chère,
Tout peut changer, hormis nos sentiments ;
Je ne puis renoncer à lui plaire
Lorsque l'honneur a reçu nos serments.

SCÈNE VI

LES MÊMES, BERNARD.

BERNARD. Monsieur, monsieur?
DUBREUIL. Qu'y a-t-il?

BERNARD. Une chaise de poste vient d'arriver à la porte du château...
DUBREUIL. C'est ton prétendu.
HERMINIE. Allons, il faut se sacrifier, je ferai donc comme mon père, je resterai garçon.

ENSEMBLE.

AIR : *Toujours unis* (Demoiselle à marier).

Non, plus d'ennuis,
Plus de soucis,
Plus d'orage,
Ni de nuage,
Trois bonheurs se donnent la main :
L'amitié, l'amour et l'hymen.

CLARISSE.

AIR de *l'écu de six francs.*

Messieurs, j'ai tâché de vous plaire,
Daignez récompenser mes soins.
Et de cet hymen si prospère,
Puisque vous êtes les témoins,
Permettez que je vous engage
A venir nous revoir tous deux,
Pour savoir si le mariage
A fait encore deux heureux.

REPRISE EN CHŒUR

(*Ils sortent.*)

BERNARD. Bravo!... bravo!... Eh bien ! vous dormez ?
LA PHOTOGRAPHIE. Eh ! les Délassements !...
LES DÉLASSEMENTS, *se réveillant.* Voilà... voilà... Tous ! tous ! .. (*Les acteurs reviennent, saluent et sortent.*) Ah ! bravi, brava.
LA PHOTOGRAPHIE. Eh bien ! qu'est-ce que vous dites de ça.
LES DÉLASSEMENTS. Très-joli... très-joli... de la comédie d'étagère ; j'aime mieux autre chose... C'est-à-dire, non ; enfin, ce n'est plus de notre temps....
LA PHOTOGRAPHIE. C'est possible ! mais!...

AIR : *Simple soldat.*

Inclinez-vous devant ce beau passé,
Qui si longtemps tint l' public en extase.
Un souvenir qui n'est pas effacé,
C'est l' souvenir des beaux soirs du Gymnase.
Nous avons vu des esprits faux et vains,
Qui n'ont produit jamais rien que des bribes,
Le poursuivre de leurs dédains,
Il est sans doute un grand nomb' d'écrivains,
Mais combien compte-t-on de Scribes? (*bis.*)

LES DÉLASSEMENTS. Merci de la leçon, et pour vous montrer que je l'ai comprise, passons à autre chose.
LA PHOTOGRAPHIE. A la comédie moderne, ameublement riche, genre réaliste.
BERNARD. Ah! monsieur, le nouveau genre ? Qu'est-ce que vous demandez-là? le réalisme... mettre en scène les plaies sociales.
LES DÉLASSEMENTS. Si les plaies plaisent.
BERNARD. Vous dites ?
LES DÉLASSEMENTS. Je dis si les plaies plaisent.
BERNARD. Croyez-moi, monsieur, restez sur l'impression de ce que vous venez de voir.
LES DÉLASSEMENTS. Eh bien! non, ça ne me suffit pas... ce que vous me dites pique ma curiosité... Photographie, servez-moi le réalisme.
LA PHOTOGRAPHIE. Suis-moi ..
LES DÉLASSEMENTS. Où ça?...
LA PHOTOGRAPHIE. A la Maison d'Or!...

ENSEMBLE.

Air : *Vite à l'ouvrage* (la Toile ou mes quat' sous).

Partons }
Partez } bien vite
Rendre visite
Rendre visite
Au réalisme et voir presto } (*bis*).
Ce genre nouveau. }

(*Les Délassements et la Photographie sortent d'un côté, Bernard de l'autre.*)

TROISIÈME TABLEAU

UN SOUPER A LA MAISON D'OR

Un salon de restaurant. — Piano, divan. — Table servie. — Au changement, le théâtre présente un aspect animé d'un souper. Les uns sont assis à cheval, les autres couchés ; ceux-là ont les pieds sur la table. — On fume, on boit, etc.

SCÈNE PREMIÈRE

GASTON, JULES, MARTHE, ALBERTINE, CORALIE, ESTHER, OLYMPE.

MARTHE, *montée sur la table, un verre de champagne à la main.* Deuxième couplet, avec une moralité toute neuve.

Air de *Machinski* (*Almanach Comique*).

Si tu veux rester sage
Et garder ta vertu
Vois-tu,
Cher tendron du bel âge
Fuis l' monsieur bien vêtu,
Cossu :
C'est un ogre, un satyre,
Prompt à vous adorer;
Mais, lorsqu'il vous attire,
C'est pour vous dévorer.
Où s' tient ce sacripant ?

TOUS.
Ce monstre, ce serpent?

MARTHE.
C'est à la maison d'Or
Qu'il entraîne la fillette,
Qu'il guette ;
C'est à la maison d'Or
Qu'il promet d' lui faire un sort.
C' fameux sort qui d' la panne vous sort,
C' fameux sort n'est qu'une sornette,
C' fameux sort qui d' la panne vous sort,
C' fameux sort, j' l'attends encor.

REPRISE.

C'est à la maison d'Or, etc.

MARTHE. Troisième couplet, avec des révélations.

Même air.

L'honneur est une richesse,
Un trésor, le vrai bien,
Très-bien !
Tant pis pour qui s'abaisse,
Jusqu'à compter le sien
Pour rien;
Mais l'homm' nous dit : mon ange,
N'enfouis pas ton trésor ;
Si tu veux, je l'échange
Contre des pièces d'or.
L'homme est un fier changeur.

TOUS.
Où trouv' t-on ce changeur?

CROQUIGNOLETTE.
C'est à la maison d'Or, etc.

REPRISE.
TOUS. Bravo !

GASTON. Marthe, vous chantez comme un rossignol ; pourquoi ne vous faites-vous pas cantatrice ?

MARTHE. Merci, pour me compromettre.

JULES, *très-gris.* J'ai soif... Gaston, verse à boire.

GASTON. Jules, tu me fais de la peine, parole d'honneur ; tu bois comme les sables du désert.

JULES. Ne parle pas de désert ici.

CORALIE. Dire que monsieur a eu des ancêtres qui étaient des hommes distingués. Décidément, mon oncle a bien raison, la jeunesse d'aujourd'hui, c'est rien.

JULES. Coralie, vous êtes sévère avec votre siècle !...

CORALIE. Je ne comprends pas.

JULES. C'est ce qui fait votre force, Coralie... A la vôtre... je bois à vos yeux bleus.

CORALIE, *haussant les épaules.* Et j'ai les yeux noirs... faut-il qu'il soit gris.

GASTON, *à Albertine.* Albertine.... je vous jure que je suis fou de vous.

ALBERTINE. Laissez-moi tranquille. J'ai envie de dormir.

GASTON. Un cœur d'or et une chaumière en palissandre.

ALBERTINE. J'aime pas les bruns.

GASTON. Albertine... je me ferai teindre, Albertine !...

JULES, *s'avançant.* Eh là-bas, on ne fait pas la cour ici, ça humilie les autres.

OLYMPE. Oh ! ces jeunes gens, quel troupeau de crétins... ça me donne soif... Garçon !

JULES. Garçon ! Il ne m'entend pas ce coquin-là. Gaston, pends-toi à la sonnette. (*Gaston sonne.*)

LE GARÇON, *entrant.* Monsieur.

OLYMPE. Du champagne !... J'ai des idées noires.

LE GARÇON. Boum !

SCÈNE II

LES MÊMES, LES DÉLASSEMENTS, LA PHOTOGRAPHIE.

LES DÉLASSEMENTS, *des bouteilles à la main.* Le Champagne demandé...

LA PHOTOGRAPHIE. Cliquot mousseux...

LES DÉLASSEMENTS. On n'est jamais bien servi que par soi-même. Nous apportons nos flacons et nos personnes ; qu'est-ce qu'on choisit.

MARTHE. Les bouteilles d'abord, l'amitié est au fond.

LES DÉLASSEMENTS. A la vôtre, alors.

TOUS. A la nôtre.

LA PHOTOGRAPHIE.

Air de *Gilblas.*

Pan ! pan ! c'est l' bouchon qui saute,
Tendez coupe et cornet,
S'il vous plaît.

TOUS.

Tra, la, la, la, la, la, la.

LA PHOTOGRAPHIE.

Pan ! pan ! fêtez côte à côte
Le bon vin, les amours,
Les beaux jours.

TOUS.

Tra, la, la, la, la, la, la.

LA PHOTOGRAPHIE.

L' buveur chante comme un merle
Aussitôt que le bouchon part,
Et que monte perle à perle
Le gaz de ce joyeux nectar.
L' voisin a la voix plus douce,
La voisine a l'œil plus mutin,
Lorsque pétillante, la mousse
Vient couronner le verre plein.
Pan ! pan ! c'est l' bouchon qui saute.

SCÈNE III

LES MÊMES, ZIZINE.

ZIZINE, *entrant.* Un instant... de l'ai... j'en suis...

TOUS. Zizine !

ZIZINE. Moi-même. Nous venons du Château-des-Fleurs, ousque j'ai dansé à ne plus savoir ce que j'ai fait de mes jambes.

TOUS. Vive Zizine.

LES DÉLASSEMENTS. Je m'amuse beaucoup ici...

MARTHE, *près de la table.* Qu'est-ce que c'est que ça, un poulet rôti... à revoir la nourriture... On ne mange plus au champagne.... (*Elle le jette par la fenêtre.*) C'est pour les petits oiseaux.

UNE VOIX, *dehors.* Merci, vous n'auriez pas une croûte de pain avec?

GASTON, *regardant à la fenêtre.* Tiens, Marthe, sans le savoir, a jeté le poulet juste dans la hotte d'un chiffonnier.

ZIZINE. Tant mieux, ce ne sera pas perdu.

LA VOIX. Eh bien ! et ce pain ?

GASTON. Il est sans gêne ce chiffonnier. Il demande du pain avec.

JULES. Faites-le monter ; on lui en donnera.

GASTON, *appelant.* Eh! chiffonnier, montez. Il est défendu de nourrir les gens par la fenêtre.

MARTHE. Eh! père du chiffon, on vous dit de monter, ne faites pas de manières.... nous sommes en famille.

GASTON, *riant.* Il n'en fait pas, il monte...

LES DÉLASSEMENTS, *à la Photographie.* Ils invitent des chiffonniers...

LA PHOTOGRAPHIE. Mon cher, plus les gens s'amusent et plus ils ont besoin de se distraire...

SCÈNE IV

LES MÊMES, CÉSAR, LE CHIFFONNIER.

CÉSAR. Eh! ben me v'là, peut-on entrer?

GASTON. Certainement, puisqu'on te l'a dit.

CÉSAR. Pardon, si je n'essuie pas mes pieds, moi, quand je frotte ma chaussure, ça l'use... Ousqué ce pain?

MARTHE, *allant lui prendre la main.* Pardon, avant de vous repaître il est nécessaire que je vous présente à ces messieurs : ça se fait dans les meilleures sociétés.

CÉSAR. C'est juste...

MARTHE, *gravement.* Messieurs, Je vous présente Monsieur. (*A César.*) Comment que tu t'appelles !...

CÉSAR. César, dit le Caressant.

MARTHE. Je vous présente César le Caressant, un homme du monde qui veut bien nous faire l'honneur de boire un verre de moët avec nous.

GASTON, *saluant cérémonieusement.* Monsieur, tout l'avantage est de notre côté.

ÉDOUARD, *de même.* Monsieur.

LES DÉLASSEMENTS. Monsieur.

CÉSAR. Trop aimables... Ousqué le pain ?

ESTHER. Veuillez vous asseoir, monsieur César; il serait malséant qu'on laissât un homme de votre valeur debout.

CÉSAR. Je vas donc manger ici?

GASTON. Sans doute, tous les hommes sont égaux, quand ils ont bu.

CÉSAR. Je vas ôter mon cachemire.

MARTHE, *vivement*. Non..... gardez votre hotte; c'est votre titre de noblesse.

CÉSAR. C'est donc pour vous obliger... Ousqué le pain.

JULES, *lui apportant un verre plein*. Monsieur César... un verre de Champagne pour vous mettre en appétit.

CÉSAR. Je veux bien... A votre santé, monsieur.

EDOUARD. Monsieur, je suis bien le vôtre.

CÉSAR, *après qu'il a bu*. Il est rigolo ce trois-six là... j'en ferais bien ma liqueur ordinaire. (*Il verse les dernières gouttes dans le creux de ses mains et s'en frotte la tête.*)

GASTON. Encore un verre, alors.

CÉSAR. C'est pour vous obliger... (*Vidant son verre.*) La compagnie? (*Apercevant Albertine qui dort sur le canapé.*) Je fais du train, j' vas réveiller cette dame.

GASTON. Ne vous inquiétez pas... quand Albertine dort, rien ne la réveille.

CÉSAR, *qui a regardé longuement Albertine*. Alors, Messieurs, je vous salue.

TOUS. Salut, monsieur César.

CÉSAR. Ils sont bons enfants, ces gandins!

GASTON. Est-ce qu'il y a longtemps que monsieur travaille dans le chiffon?

CÉSAR. Depuis vingt-cinq ans, monsieur.

GASTON. Monsieur a dû voir bien des choses... malpropres.

CÉSAR. Ah! oui...

AIR :

Dieu! que j'ai ramassé d'immondices
Le long des trottoirs de Paris,
Qu' j'ai vu de faux luxe et de vices,
Que j'ai vu de bouquets flétris.
Pour ça. je n'en suis pas plus morne,
Mais, l' croc en main, j' dis en fur' tant :
On jett' tant d'ordur' s à la borne
Qu'il n' d' vrait pas en rester tant.

GASTON. Monsieur est philosophe...

CÉSAR. Philosophe et observateur, pour vous servir, et comme dit la chanson : tous les philosophes sont des malins.

CROQUIGNOLETTE. Vous chantez?

CÉSAR. Un peu... j'ai manqué d'avoir un prix au Conservatoire.

CROQUIGNOLETTE. Vous avez été au Conservatoire?

CÉSAR. Oui, madame, c'est moi qui balayais les salles.

GASTON. Une chanson, alors, monsieur César.

TOUS. Oh! oui, une chanson.

CÉSAR. Si ça vous fait plaisir, je n'ai rien à refuser à de bons enfants comme vous; allez, la musique.

AIR : *Sultan Mustapha.*

Quand l' bon bourgeois s' repose et dort } bis
L' plaisir veille à la maison d'Or. } en chœur
D' la nuit, pourquoi fêter l' retour?
N' s' rait-on pas digne de voir le jour?
Voilà les nuits,
Les nuits de Paris.
Nuits entre amis.
Bien ou mal choisis,
Voilà les nuits.
Les nuits de Paris.
La nuit, tous les gandins sont gris.

REPRISE.

Voilà les nuits, etc.

CÉSAR.

Pour passer le temps comme il faut, } bis.
Le gandin court dans un tripot,
C' qu'en trente ans son père amassa
Il va le perdre au baccarat.

REPRISE.

Voilà les nuits, etc.

CÉSAR.

Un p'tit jeune est victim' d'un grec } bis.
On soup' mal avec du pain sec...
Il fut dupe un instant, c'est bon...
A son tour il devient fripon.

REPRISE.

Voilà les nuits, etc.

CÉSAR.

Sur le bord de l'eau, qu'il fait noir, } bis.
C'est un vrai temps de désespoir.
Un homme s'élance, on crie au secours!...
Puis, plus rien... la Sein' suit son cours.

REPRISE, *à mi-voix*.

Voilà les nuits, etc.

CÉSAR.

Si vous voulez de ces folles nuits-là, } bis.
L' résumé final, le voilà :
Des baisers, des chants et des fleurs,
De l'or, de la boue et des pleurs.

REPRISE.

Voilà les nuits, etc.

GASTON. Bravo! monsieur César.

LES DÉLASSEMENTS. C'est amusant, mais c'est triste... Cet homme-là a un crêpe dans ses chiffons.

GASTON. Bah! c'est un charmant convive, et j'ai hâte que nous faisions plus ample connaissance.

CÉSAR. La connaissance est déjà faite.

GASTON. Pas suffisamment.

CÉSAR. Que si... Vous ne me connaissiez pas avant ce soir, vous, c'est possible... mais moi je vous connais tous depuis longtemps.

JULES. Vraiment... Nous avons l'honneur d'être connus de monsieur César.

CÉSAR. Ne sommes-nous pas tous des nocturnes... ne sommes-nous pas tous des enfants de la nuit... Chacun dans sa partie... c'est vrai... vous pour vous tuer, moi pour vivre... Mais au résumé tous des serviteurs à mame la lune.

JULES. C'est vrai, il n'y a que la nuit qu'on s'amuse à Paris.

CÉSAR. Et la preuve, c'est que depuis longtemps j'ai fait, pour mon usage particulier, des appréciations sur vos personnes...

MARTHE. Vraiment... oh! dites-nous les monsieur César.

TOUS. Dites-nous les...

CÉSAR. Vous le voulez... je veux bien alors.

MARTHE. Mais des appréciations sincères, n'est-ce pas?

GASTON. Messieurs, César va nous dire nos vérités... Allez Diogène, nous vous écoutons et ne nous ménagez pas; commencez par moi, voulez-vous... Qui suis-je... voyons?

CÉSAR. Vous, vous appelez Gaston Bezuchet... Votre père vendait de la bimbeloterie.

TOUS *riant*. Bravo!

GASTON. Ah! mais!

CÉSAR. Attendez donc je commence ; vous vivez au dépens des autres... Vous faites des dîners comme les autres font le foulard... Dans notre monde on vous appellerait pique-assiette... Ici vous n'êtes qu'un parasite, un mot qui a du chic.

GASTON. Assez je vous défends de continuer!

JULES. Laisse donc... il est amusant.

CÉSAR. Vous êtes l'ami de tous ceux qui ont de ç' (*Il indique l'argent*) Votre amitié se paye comme l'amour de bien des dames... Si je voulais vous prêter mes économies vous me tutoyeriez et me donneriez des conseils pour ma toilette.

GASTON. Coquin!

JULES. Charmant! une vraie photographie. Quoi...

MARTHE. Il connaît tout le monde.

CÉSAR. Tout le monde comme vous dites madame, vous comprise, quoique vous ne soyez que du demi-monde, vous posez pour la femme sérieuse, vous mettez de l'argent de côté et votre rêve c'est d'éclabousser vos collègues. C'est égal, vous serez portière un jour, c'est dans votre destinée.

MARTHE. Ah! mais... j'ai assez vu le chiffonnier, moi, et vous?

CÉSAR *à Zizine*. Quant à vous mademoiselle, vous êtes une bonne fille, mais, méfiez-vous... Vous avez trop de pitié des messieurs... Ce n'est pas avec son cœur qu'il faut faire l'aumône... Les hommes sont des ingrats, et, quand vous serez vieille, ils ne vous paieront pas les petits bancs plus cher.

RIFFLET. Zizine vous entendez!

ZIZINE. Qu'est-ce qu'il dit donc là!

GASTON. Il dit... qu'il est ivre... et qu'on a eu le tort de le faire monter... garçon, desser-le chiffonnier!

LES DÉLASSEMENTS. Mais, je crois qu'il les arrange un peu ses amphytrions; il me va ce chiffonnier! Chiffonnier vous m'allez... me connaissez-vous aussi moi?

CÉSAR. Vous parfaitement, vous êtes un melon.

ESTHER. Un instant et Albertine. Je demande à ce qu'on lui dise son fait... comme aux autres.

CÉSAR. Oh! ne la réveillez pas, je le lui dirai sans çà et puisqu'elle dort je peux l'abîmer.

LES DÉLASSEMENTS. C'est ça vous avez été gentil avec les autres, abîmez celle-là.

CÉSAR. Albertine est une paresseuse... c'est la fainéantise qui l'a perdue... maintenant elle raconte en pleurant qu'elle s'est égarée, parcequ'on la battait... des mensonges!... c'était une ouvrière... à qui la robe de soie a tourné la tête... elle ne pense à rien... et ne croit à rien... qu'elle soit riche ou pauvre, aimée ou détestée, elle est toujours la même. Elle ne bouge jamais... elle se repose, on dirait qu'elle est fatiguée à l'avance du mal qu'elle aura quand elle sera obligée de faire des ménages pour vivre.

MARTHE. Comme vous la connaissez.

CÉSAR. Si je la connais. Je crois bien! C'es ma fille.

TOUS. Sa fille.

LES DÉLASSEMENTS. Sa fille! diable, ça devient grève.., Bravo vous êtes un vrai chiffonnier philosophe, vive César... le Diogène parisien.

TOUS. Vive César.

LE GARÇON *revenant*, Messieurs, messieurs, pas si haut, il est cinq heures vous allez réveillez les voisins.

CÉSAR. C'est juste; soyez canaille, mais tout bas.. (*Ils reprennent en sourdine l'air de Mustapha. Changement.*)

Voilà les nuits, etc.

QUATRIÈME TABLEAU

L'ABONNÉ

Un couloir de théâtre.

—

SCÈNE PREMIÈRE

LES DÉLASSEMENTS, PHOTHOGRAPHIE.
(Les Délassements entre vivement).

PHOTHOGRAPHIE *le suivant*. Eh bien!.. tu le sauves?

LES DÉLASSEMENTS. Je ne me sauve pas, je cherche la solitude pour réfléchir.

LA PHOTOGRAPHIE. A quoi?

LES DÉLASSEMENTS. Au chiffonnier, et surtout aux petites dames... Veux-tu mon opinion?

LA PHOTOGRAPHIE. Sur quoi?

LES DÉLASSEMENTS. Je trouve ce chiffonnier charmant et je l'aime parce qu'il n'a pas craint de taper un peu sur les demoiselles qui se moquaient de lui. C'est vrai, ces dames se croient le droit de tout dire maintenant... sapristi! je tourne au Desgenais aussi, moi... qu'on me serve une biche, que je l'agonise.

SCÈNE II

LES MÊMES, LE VIEIL ABONNÉ.

LE VIEIL ABONNÉ. Vous aurez tort, monsieur.

LES DÉLASSEMENTS. Tiens, je vous reconnais, mon petit vieux... c'est vous qui êtes toujours à l'orchestre de droite.

LE VIEIL ABONNÉ. Je n'y vais plus, monsieur.

LES DÉLASSEMENTS. Et depuis quand?

LE VIEIL ABONNÉ. Depuis qu'on y voit des Diane de Lys, des Albertine et des baronnes d'Ange.

LES DÉLASSEMENTS. A la bonne heure et je vous approuve... Ah! vous êtes moral aussi, vous? tant mieux!

LA PHOTOGRAPHIE. Tiens; toi aussi tu fais de la morale.

LES DÉLASSEMENTS. De la morale... moi!

AIR :

Non, je ne viens point
Faire de morale,
Je hais le scandale
Et reste en mon coin.
Je veux, cependant,
Cher monsieur, quand même
Blâmer le système
Que l'on vante tant.
Lisette voulait
Aimer, rire et boire,
Et mettait sa gloire
Dans un gai couplet.
On la travestit,
Et de la grisette
On fit la lorette
Petit à petit.
Du bien et du mal
On secoua l'arbre,
La fille de marbre
Eut son idéal.
Grandissant toujours
Ces filles de plâtre,
On mit au théâtre
Leur folles amours.
Puis, on leur cria :
Allons, les impures
Rangez vos voitures,
On les pourchassa;
On n'eut plus qu'un vœu :
Dire en phrases creuses
Guerre aux dangereuses
Qui s'étaient si peu.
Aussi, rien qu'à voir
Semblable énergie,
Plus d'une Aspasie
Crut à son pouvoir.
Et c'est aux pamphlets
Qu'ici je condamne,
Que la courtisane
Dut ses grands succès.
Moralisateurs,
Changez de coutumes,
Brisez donc vos plumes
Ou cherchez ailleurs.

LES DÉLASSEMENTS. Aussi je meurs toujours 'envie d'en invectiver une ou deux.

LA PHOTOGRAPHIE. Allons! le moment est venu de te ramener dans ton vrai sentier, et pour te prouver que malgré leur légèreté elles sont encore les seules compagnes joyeuses, suis-moi à l'école dramatique où elles donnent ce soir une tragédie.

LES DÉLASSEMENTS. Je veux bien, je suis venu pour tout voir... (A l'abonné.) Petit vieux, agréez mes hommages...(Ils sortent.)

CINQUIÈME TABLEAU
L'ÉCOLE DRAMATIQUE

—

SCÈNE PREMIÈRE

BOUGON, DEUX MACHINISTES.

ENSEMBLE.

AIR : *Ohé! tous!* (A vos souhaits!)

A l'instant, et sans démordre,
Montrez-vous)
Montrons nous } vifs,
Zélés, expéditifs;
Que chacun apporte avec ordre
Ses soins actifs
A nos préparatifs.

(Les machinistes apportent chacun un paravent et chacun une toilette.)

BOUGON, *entrant.* Allons donc! plus vite que ça!... Sapristi!... Sont-ils lambins!... Un paravent à droite, un autre à gauche...

PREMIER MACHINISTE. Voilà!... voilà!...

BOUGON. Une toilette de chaque coté!...

DEUXIEME MACHINISTE. Mais, ça n'est pas dans la mise en scène...

BOUGON. Qu'est-ce que ça vous fait? Puisqu'il n'y a plus de loges, il faut bien en inventer. Satanée Ecole dramatique... elle est grande comme mon mouchoir de poche...

PREMIER MACHINISTE. Il est vrai que...

BOUGON. Taisez-vous! Des biches qui donnent une tragédie... et d'un auteur en bas âge encore... *le Hanneton de Charles VI*... Je vous demande un peu...

PREMIER MACHINISTE. Ça sera-t-y joli?...

BOUGON. V'la qui m'est égal! Ils appellent ça faire de l'art? On s'habille sur le théâtre... on ripaille...

PREMIER MACHINISTE. Il est de fait que c'est bien plutôt un endroit à noces qu'à artistes...

BOUGON. Oh! les filles de marbre, les filles de marbre!...

AIR *de l'Artiste.*

Quelle mouche les pique
Et les fait, nom d'un nom!
A l'écol' dramatique
Transplanter l'Odéon;
Laissez la tragédie
Aux talents vigoureux;
Jouez la comédie
Avec vos amoureux,
Votre amour? Comédie
Que vous jouez au mieux.

VOIX AU DEHORS. Porte, s'il vous plaît!...

BOUGON. Bon!... Voilà nos tragédiennes de carton qui arrivent... la fête va commencer... Tournez-moi les talons!...

(Les machinistes sortent d'un côté, entrent de l'autre, Josépha, Adèle, Clarisse et Lichonnette).

SCÈNE II

ENSEMBLE.

LES QUATRE FEMMES.

AIR : *Polka des vieilles gardes.*

Nous accourons
Pour voir orner vos fronts
Des lauriers verts
Du drame en vers;
Oui, nous voulons, tragédiennes à part,
Rappeler l'art
Déjà sur son départ.

BOUGON. Et voilà comme elles comprennent la tragédie... sur des airs de polka!

JOSÉPHA. Encore le père Bougon qui fait des siennes.

ADÈLE. Quel caractère égal!

CLARISSE. Toujours en colère.

LICHONNETTE. Ce n'est pas un homme, c'est un hérisson!...

JOSÉPHA. Voyons, pourquoi grognez-vous toujours?

BOUGON. Mais, il y a de quoi, je suppose... Je fais tout ici... pas une minute de repos... je suis portier, régisseur, contrôleur.

ADÈLE. Et être avec ça!

BOUGON. Mademoiselle Adèle!

ADÈLE. Eh bien! après?

BOUGON. J'aime mieux ne rien dire. Oh! les filles de marbre! les filles de marbre!

ARTHUR, *entrant, il s'écrie.* Les filles de marbre, ça me va...

BOUGON. Le public n'entre pas ici...

ARTHUR. Je ne suis pas le public; je suis un fils de marbre : Arthur Bataillard, élève de Gâteuil, 15 ans de salle; 3 0 lettres d'excuses dans mon secrétaire, et celui qui m'en fichera de rester où je suis sera un lapin de première classe, vrai. *(Lui portant une botte.)* Une, deux... t'es mort!

BOUGON. Si ça ne fait pas mal!

ARTHUR. D'ailleurs, ce soir le théâtre est à nous... n'est-ce pas, mes petites chattes?

TOUTES. Oui, oui.

BOUGON. Tenez, voici les clefs de vos loges... Allez vous habiller.

JOSÉPHA. Nous avons bien le temps.

ADÈLE. Il n'est que six heures.

BOUGON. Oh! vous n'êtes jamais pressées... ça sera comme l'autre fois... quand nous avons commencé à une heure du matin...

LICHONNETTE. Le public est resté tout de même.

BOUGON. Je crois bien... Ils s'étaient mis à faire une partie de lansquenet dans les places. En v'la de l'art! Si mademoiselle Mars savait ça.

CLARISSE. Nos deux premiers rôles ne sont pas arrivés.

ADÈLE. Arthurine et Juliette.

CLARISSE. Des grues qui font leur tête, parce qu'elles ont le moyen de louer la salle.

JOSÉPHA. Et encore elles se sont cotisées.

LICHONNETTE. Comprenez-vous cette Arthurine qui se voue sérieusement à la tragédie... Nous, c'est pour le bon motif... histoire de recueillir des bravos.

CLARISSE. Et des mobiliers...

LICHONNETTE. Tandis qu'elle...

ARTHUR. Dam! elle a vingt-cinq ans, et..,

AIR : *Dans un grenier.*

Biche à vingt ans, c'est l'oiseau sur la branche,
Certain toujours de rencontrer un nid...
Pour ses amours c'est tous les jours dimanche;
A vingt-cinq ans le printemps est fini...
Vient la trentaine, et déjà soucieuse,
Dans l'avenir lisant avec regrets,
Vous la voyez se mettre parfumeuse
Ou débuter, hélas! à Beaumarchais *(bis)*.

ADÈLE. Il ne faut pas dire ça pour Arthurine, elle réussira.

JOSÉPHA. Elle, peut-être... mais Juliette joue la comédie parce que Arthurine la joue. C'est son intime.

ADÈLE. Elle sait ce que ça lui coûte.

ARTHUR. Les voici... Mesdames, soyez bonnes filles.

JOSÉPHA. Ne croirait-on pas qu'on a dit du mal d'elles.

BOURGON. Oh! les biches! les biches! j'aime mieux m'en aller, je leur dirais des bêtises.

ARTHUR. Pas de personnalités... une! deux!.. t'es mort...

BOURGON, sortant. Oh! il m'agace celui-là, il m'agace!

SCÈNE III

Les Mêmes, moins BOURGON, LES DÉLASSE-MENTS, LA PHOTOGRAPHIE, ARTHURINE, JULIETTE.

ENSEMBLE.

AIR : Bon voyage! (Délassements en vacances.)

Tragédie,
A toi tous nos vœux;
Conduis au mieux
Notre barque hardie...
Tragédie,
A tous nos vœux,
Viens si tu le peux,
Nous embraser de feux.

LES DÉLASSEMENTS.

A vos succès d'avance j'aime à croire,
Mais le public vous apprécie-t-il?
Souvenez-vous qu'on triomphe sans gloire,
Nous dit Corneille, à vaincre sans péril.

REPRISE.

Tragédie, etc.

ARTHURINE. Mesdames, permettez que je vous présente monsieur... un directeur.

LES FEMMES, saluant Monsieur...

LES DÉLASSEMENTS. Je dépose mes hommages à vos cothurnes... (A la Photographie.) Hein! comme c'est couleur locale...

LA PHOTOGRAPHIE. Gros Mé-pomène, va!...

JOSÉPHA. Monsieur joue Racine et Corneille à son théâtre?

LES DÉLASSEMETS. Pas en ce moment, mais j'ai donné les Délassements en vacances, tragédie en cinq actes, de Rousard.

ARTHUR. Ron...

LES DÉLASSEMETS. Non Ron... Ronsard.... Je jouais deux rôles : Britannicus et Marguerite de Bourgogne...

ARTHURINE. Je n'en ai qu'un à remplir ce soir, et j'ai déjà peur...

JULIETTE. Pas moi, je suis sûre de mon affaire, je suis déjà aimée...

ARTHURINE. Un début... c'es une chose si importante, il y va de mon avenir... j'en tremblais déjà dans ma voiture.

LES DÉLASSEMENTS. Vous avez voiture ?

ARTHURINE. Une modeste Victoria... avec deux chevaux, dont je suis très-contente, du reste.

LES DÉLASSEMENTS. Ça vous coûte cher?

ARTHURINE. Tiens... vous êtes bête, vous...

LES DÉLASSEMENTS. Pardon... je n'avais pas remarqué vos yeux...

ARTHURINE. Est-on déjà arrivé? (Elle va regarder par le trou.)

JOSÉPHINE aux Délassements. Fait-elle des manières avec sa voiture.

JULIETTE, même jeu. Pour ce qu'elle l'a payée?

AIR :

JULIETTE.
On a payé la victoria...

JOSÉPHA.
On a fait cadeau des attelages...

JULIETTE.
Sans compter que du cocher qu'ell' a
On paye également les gages...

JOSÉPHA.
Le domestique coûte peu,
On en supporte la dépense.

JULIETTE.
Bref, c'est une voiture où l'on peut } bis.
Demander la correspondance. }

LES DÉLASSEMENTS. Allons, allons... elles son gentilles avec leur petite camarade...

SCÈNE IV

Les Mêmes, BOURGON.

BOURGON avec fureur. Mademoiselle Arthurine!

ARTHURINE. Qu'est-ce qu'il y a?

BOURGON. Il y a que ça ne peut pas aller comme ça.. c'est toutes les fois la même chose... des amies qui veulent monter vous voir! j'ai une consigne... les étrangères ne doivent pas entrer dans les coulisses.

ARTHUR. Quel porc-épic!... un' deux, t'es mort.

BOURGON. Fichez-moi la paix, vous! Elles sont dans ma loge... ma femme les appelle gêneuses!...

ARTHURINE. Elles se nomment?

BOURGON. Des jolis noms... Casquette et Louloutt !!

ARTHURINE. Des intimes !.. faites-les entrer!

BOURGON. Ça ne se peut pas!

ARTHURINE. J'ai loué la salle, le théâtre m'appartient, allez!

JULIETTE. C'est-à-dire que nous avons loué, je paie ma part.

ARTHURINE. Je paie plus que vous!

LES DÉLASSEMENTS. Elles sont charmantes!

LA PHOTOGRAPHIE. Je les mettrai dans ma collection.

ARTHURINE. Voyons, allez donc!

BOURGON. Je suis leur domestique encore!.. oh! mais je vais me faire mépriser!

SCÈNE V

Les Mêmes, LOULOUTTE, CASQUETTE.

LOULOUTTE. entrant. Ah ça... il n'y a donc plus moyen d'entrer?

ARTHURINE. Mais si... arrivez donc.

CASQUETTE. Bonjour Arthurine.

LOULOUTTE. Es-tu émue, ma chère? moi, je n'ai pas dormi de la nuit de ton début... même que mes voisines se sont plaintes.

ARTHURINE. J'en ai la fièvre.

LOULOUTTE. Rien ne m'effraie plus que ça, moi, les débuts.

JOSÉPHA. Heureusement que pour elle, c'est fini il y a longtemps.

CASQUETTE. Nous venons te prévenir d'une chose, c'est qu'après la représentation il y a bal à l'Opéra et que nous y allons tous.

JULIETTE. Bon! tout le monde partira avant la fin.

LOULOUTTE. Rassure-toi, pour pouvoir rester jusqu'au dénou**ment,** ils ont eu une idée. Ils sont tous venus en costume, ça fait qu'ils seront tout prêts au moment du départ.

CASQUETTE. Et la salle va être pleine de déguisés.

LES DÉLASSEMENTS. Tant mieux ça jettera de la gaîté.

CASQUETTE à Arthurine. Tu en es?

ARTHURINE. Toujours.

CASQUETTE. Alors, tout s'enchaîne... après le bal grand souper, parce que la tragédie ça doit creuser.

LES DÉLASSEMENTS. Oui, mais comme ça fait dormir, c'est une compensation.

SCÈNE VI

Les Mêmes, BOURGON, puis CORA, VIRGINIE, MIGNONNE et MARIETTE.

BOURGON entrant. Malle noms... d'un nom.

ARTHUR. Qu'est-ce qu'il y a?

BOURGON. En v'là encore quatre!

ARTHUR. Q atre quoi?

BOURGON. Quatre amies à mademoiselle Arthurine! mais pour celles là... elles n'entreront pas... quand je devrais m'en aller.

LOULOUTTE. Ça doit être Cora et les autres.

ARTHURINE. Cora... faites-les monter, c'es mon droit.

BOURGON. Mais vous allez défoncer le théâtre... il n'est déjà pas si solide... ce pauvre théâtre!

ARTHURINE. Père Bourgon... ne me forcez pas de vous rappeler à l'ordre.

BOURGON. Non, je vous dis qu'elles me rendront chauve avant l'âge... oh! les Phrynés!.. les Laïs!.. Mais où est donc Diogène!.. où est-il donc?...

(Entrée de Cora, Virginie, Mignonne et Mariette).

ENSEMBLE.

AIR : Le succès nous fait un devoir.

Malgré les cris et le courroux
D'un cerbère qui { nous / vous } rebute,
Lorsqu'une amie à { nous / vous } débute,
Nous nous croyons { ici chez { nous.
Vous vous croyez { { vous.

CORA. Ah! ma chère, le Café du Théâtre est plein comme un œuf...

VIRGINIE. Quelle jolie salle tu vas avoir... Tout le monde est déguisé.

CORA. Et histoire de te donner du cœur au ventre... nous avons eu une idée... c'est de t'offrir un punch.

ARTHURINE. Un punch!..

CORA. Garçon... servez chaud!..

BOURGON. Du punch, ici... jamais... je m'y oppose... les consommations sont exclues.

ARTHUR. Tu nous ennuies toi... une, deux!.. t'es mort...

BOURGON à part. Oh! j'ai des envies de manger du Gaulin!..

LES DÉLASSEMENTS. C'est encore plus sans façon que chez moi, ici...

LE GARÇON entrant. Le punch demandé!

TOUS. Au punch... au punch (On boit.)

ARTHURINE. Vous en accepterez bien un verre... père Bourgon.

BOURGON. Moi boire des alcools qui sont les conséquences d'une vie déréglée. — Mais pour qui me prenez-vous? — Je suis donc bien tombé! Est-il au rhum au moins (il boit).

ARTHUR. Et maintenant qu'on se divertisse un peu... Vive l'école dramatique!..

JOSÉPHA. Un théâtre où tout le monde a de du succès pour son argent.

ARTHURINE. C'est pour moi que vous dites ça?

JULIETTE. Mais non, c'est pour nous deux.

TOUS. Vive l'école Dramatique!.. (Bourgon sort pendant la ronde).

CHŒUR.

AIR : Tant va l'autruche à l'eau.

Chantons dardar
Ce bazar
Qui fait d' l'art,
L'école dramatique,
Ce théâtre unique.
Chantons ici
Ce séjour si
Joli,

Ce charmant endroit
Où vraiment le plaisir est roi.

JOSEPHA.

Successeur d' la sall' Chaut'reine,
Dans c' théâtre s'lon nos goûts,
Que faut-il pour jouer un' reine?
Un cachet d' trois livr's dix sous.

REPRISE.

CORA.

L' costume est chos' malaisée;
Quand on s' trouv' dans l'embarras,
On prend des rideaux d' croisée
Pour n' pas s' mettr' dans d' mauvais draps.

CHOEUR.

JULIETTE.

Lorsqu'on craint une cabale,
Qu'on a peur de manquer d' chic;
On peut louer toute la salle,
On peut am'ner son public.

REPRISE.

ARTHURINE.

C' n'est pas que d'acteurs on manque,
Oreste est chez l'épicier,
Pylade est garçon de banque,
Théramène est clerc d'huissier.

CHOEUR.

ARTHUR.

Et puis si l'on vous assomme,
Si l'on écorch' bien des soirs
La langue français', c'est qu'en somme
On est près des abattoirs.

CHOEUR.

LA PHOTOGRAPHIE.

Si par malheur le tragique
Se perdait, pourquoi le chercher.
On le r'trouv'rait Sall' dramatique
Pas besoin de l'afficher.

REPRISE.

LES DÉLASSEMENTS.

Pas d'épigramme sévère
Pour ces talents d' tous formats,
Que n'allez-vous au vestiaire?
Vous y trouv'rez des talmas.

CHOEUR.

SCÈNE VII

LES MÊMES, BOUGON.

BOUGON entrant. Vous chantez j'en suis bien aise : eh bien! la représentation ne peut avoir lieu, je me coucherai donc de bonne heure une fois.

LA PHOTOGRAPHIE. Qu'y a-t-il encore?

BOUGON. Il y a qu'il n'y a pas de Charles VI, et sans Charles VI, dame...

ARTHURINE. Où est-il donc?

BOUGON. Il est tombé à la conscription...

ARTHURINE. Il faut lui trouver un remplaçant.

BOUGON. Au sort, il n'acceptera pas, c'est un homme de cœur.

ARTHURINE. Non ici.— Je tiens à jouer moi. (Aux Délassements.) Ah!... vous qui avez joué tragédie.

LES DÉLASSEMENTS avec modestie. Oh! la tragédie de salon...

JULIETTE. N'importe... tirez-nous d'embarras.

AIR :

Daignez accéder à nos vœux,
Que votre dévouement nous sauve;

C'est facil'; déjà par vos cheveux
Vous ressemblez à Charles le Chauve.

ARTHURINE.

Vous recueill'rez bravos et bis,
Car le succès vous accompagne.
Puisqu'il vous faut un Charles six,
Ah! ne faites pas charlemagne.

LES DÉLASSEMENTS. Je ne demanderais pas mieux... mais le rôle...

ARTHURINE. Vous avez encore une heure devant vous, vous avez le temps de l'apprendre, et puis, le souffleur est là.

LES DÉLASSEMENTS. Si le souffleur est là, je n'ai plus à souffler mot, je f'rai Charles VI.

BOUGON à lui-même. Canaille va!... (haut) oui... mais le costume... l'autre était un grand maigre, vous, vous êtes gras comme un hippopotame.

LES DÉLASSEMENTS. Il a raison.

LA PHOTOGRAPHIE. Mais rien de plus facile que d'en trouver un chez le costumier.

ARTHURINE. Madame a raison. Père Bougon, allez chercher un Charles VI de l'encolure de monsieur.

BOUGON. Moi?... Mais je suis donc un Auvergnat — un médaillé de Clermont-Ferrand...

ARTHURINE. Allez... on vous paiera.

BOUGON. Oh! les filles de marbre!... si jamais j'ai une fille et qu'elle devienne de marbre...

ARTHUR. Qu'est-ce que vous ferez?

BOUGON. Je changerai de nom...

ARTHURINE. Et nous à nos toilettes.

ENSEMBLE.

Air de Gustave.

La besogne est rude,
Ne restons pas coi,
Car l'exactitude
Est ici notre loi.

(Tout le monde sort, excepté Arthurine, Juliette et les Délassements.)

SCÈNE VIII

LES DÉLASSEMENTS, ARTHURINE et JULIETTE.

ARTHURINE lui donnant un manuscrit. Tenez voilà votre rôle — étudiez-le — pendant ce temps, nous allons nous habiller, car l'heure s'avance... Allons Juliette.

JULIETTE. Allons-y... oh! les drôles de loges des paravents.

LES DÉLASSEMENTS. Je la trouve forte!... jouer Charles VI au pied levé, (étudiant) ah! faut-il qu'un mal triste et sombre.

ARTHURINE dans son paravent qui est ouvert, en jupon. Et pas d'habilleuse, monsieur.

LES DÉLASSEMENTS. Quoi?

ARTHURINE. Vous ne voudriez pas m'aider à me dégrafer, quelquefois?

LES DÉLASSEMENTS. Comment donc, avec plaisir. Tiens, il y a nœud. Oh! la jolie taille.

ARTHURINE. Dépêchez-vous donc!...

JULIETTE. Allons, bon. V'là que je ne peux pas retirer mon corset non plus, monsieur quand vous aurez fini avec Arthurine, venez donc m'aider aussi...

LES DÉLASSEMENTS. Me voilà homme de chambre... Oh! les jolies épaules... hum!...

ARTHURINE. Là... ça y est... allez délasser Juliette, maintenant...

JULIETTE. Faites attention, il y a une rosette...

LES DÉLASSEMENTS. Peste...celles-là sont encore plus jolies... hum!... hum!...

JULIETTE. Vous êtes enrhumé!...

LES DÉLASSEMENTS. Non... c'est que je tousse un peu.

JULIETTE. Là... je terminerai moi-même.

LES DÉLASSEMENTS. Alors, je peux m'en aller...

JULIETTE. Où ça?

LES DÉLASSEMENTS. Étudier mon rôle!...

LES DÉLASSEMENTS. Étudiez-le ici!...

JULIETTE. Restez donc, vous nous tenez société.

LES DÉLASSEMENTS. Oh! mais c'est que je suis bien gêné.

AIR :

Cette position perplexe,
Dont je voudrais bien voir la fin,
Me rappelle, excepté le sexe,
L'histoire de Suzanne au bain;
J'ai peur de mon regard profane;
J'aimerais mieux, à tous égards.
Devenant la chaste Suzanne,
Me trouver entre deux vieillards.

C'est pour ça que je m'en vais...

ARTHURINE. Mais restez donc. Est-il pressé!!...

LES DÉLASSEMENTS. Vous voulez que je reste... Eh bien!... tant pis, c'est vous qui l'aurez voulu, je jette ma dignité par-dessus les moulins... Arthurine!

ARTHURINE. Quoi?

LES DÉLASSEMENTS. Arthurine... je t'aime.

ARTHURINE. Ah! grand Dieu!...

JULIETTE. Qu'est-ce qui lui prend donc...

LES DÉLASSEMENTS. Il me prend que... Juliette... je t'adore.

JULIETTE. Mais il devient fou!... (Les femmes, pendant ces cris, ont mis des foulards sur leurs épaules. Les Délassement voulant prendre la taille à l'une, elles referment vivement leurs paravents.)

SCÈNE IX

LES MÊMES, BOUGON.

BOUGON, entrant. Eh bien! qu'est-ce qu'il y a donc!!...

LES DÉLASSEMENTS. Bourgon, je t'aime! Il y a que je deviens fou!!!

BOURGON. Et bien faut devenir fou plus tard, v'là votre costume, allez vous habiller, parce que voilà l'heure, et les autres sont prêts.

LES DÉLASSEMENTS. J'y vole... j'aime mieux ça... ça me changera... C'est égal, j'ai eu l'art de rester. Oh! que je vois donc en rose. Il sort sur la ritournelle de l'air suivant.)

SCÈNE X

ARTHURINE, JULIETTE dans les paravents, BOUGON, ARTHUR, JOSEPHA, ADÈLE, CLARISSE et LICHONNETTE, toutes quatre en pages du moyen âge.

ENSEMBLE.

Air du Diable d'argent.

Admirez la tournure jolie
Des hérauts de Charles six;
Qui pourra-t, sur cette tragédie,
Chanter le De profundis?
(Bougon sort après l'entrée des pages.)

ARTHUR. Je ne sais pas comment la pièce est écrite, mais il y a de jolis pages.

JOSEPHA. Vil flatteur!...

ADÈLE. La salle se remplit.

ARTHUR, regardant par un trou du rideau du fond. Ça sera comble... Cette petite tragédie de famille promet d'être charmante.

JOSEPHA. Tiens, voilà Joséphine aux pre-

mières avec une plume dans les cheveux :
une plume d'autruche.

LICHONNETTE. L'oiseau du désert.

CLARISSE. Tiens, Félicie qui était au café
avec un burnous et qui a maintenant un cachemire.

LICHONNETTE. C'est son cachemire, retour
de chez sa tante.

ARTHUR. Commençons-nous?

BOUGON, accourant. Arrêtez!...

ARTHUR. Encore une tuile!...

BOUGON. Enfin... Elle n'aura pas lieu.

ARTHURINE. Quoi?

BOUGON. La représentation.... Ni musiciens
ni souffleur

ARTHURINE. Allons, bon !

BOUGON. Le chef d'orchestre de l'Adminis-
tration est tombé...

ARTHUR. A la conscription?

BOUGON. Non, du haut en bas de son esca-
lier... et le souffleur...

ARTHUR. Tombé aussi?

BOUGON. Du haut mal...

JOSÉPHA. Et le public qui attend, et le bal
de l'Opéra qui commence à minuit.

BOUGON. Eh bien, remettons ça, ça sera pour
le carnaval prochain.

ARTHUR. As-tu fini, je conduirai l'orchestre,
moi.

JOSÉPHA. C'est vrai, tu es musicien.

ARTHUR. Je m'en flatte, et quant au souffeur.
(Montrant Bougon.) Le voilà.

BOUGON. Moi! eh bien! si vous voyez ça, par
exemple, souffler.

ARTHUR. De la résistance à moi, un élève
de Gatecuir, quinze ans de salle... une, deux,
t'es mort.

BOUGON, lui donnant un croc-en-jambe. Allez
donc vous asseoir, vous, à la fin.

ARTHUR, tombant assis. Il avait une botte se-
crète... cristi... C'est moi qui suis mort.

BOUGON, le relevant. Je vous pardonne, et je
soufflerai parce que c'est dans mon engage-
ment, mais sans ça...

ARTHUR. J'aurais préféré des excuses écri-
tes... mais il ne sait peut-être pas écrire.

(Cris au fond.) La toile.... la toile...

ADÈLE. On commence à trépigner.

Air des Fraises.

Tâchez donc de vous hâter,
Voyez où nous en sommes;
Le public va s'emporter,
Et pourrait bien nous jeter
Des pommes (ter).

ARTHUR. Oh ! la belle Isabeau.

JULIETTE. Avec ça qu'Odette est déchirée.

ARTHUR. Au rideau ! au rideau !

BOUGON. On y va. (Au machinistes qui entrent.) Enlevez les paravents... (A Arthur.)
Chacun à son poste. (Arthur sort. Il frappe
les trois coups.) Quelle honte!.. Si ma femme
savait ça... enfin... (Il sort.) Au rideau. (Le
rideau du fond se lève, on aperçoit la salle de
l'École-Dramatique éclairée et pleine de monde.
Bougon est dans le trou du souffleur et Arthur
au piano.)

CHANGEMENT.
—

SCÈNE PREMIÈRE

ARTHUR, au piano, BOUGON, dans le trou du
souffleur, ARTHURINE en Isabeau de Ba-
vière, JULIETTE, en Odette, JOSÉPHA,
ADÈLE, CLARISSE et LICHONNETTES, en
pages.

ARTHUR, achevant l'ouverture. Allez-y tristement...

JULIETTE, aux pages. A nous.., et pas d'émo-

tions... ça coupe la voix. (Elles entrent en
scène, les bravos éclatent.)

JULIETTE, déclamant.

Venez ici, mes joyeux pages,
Devisons gaiement entre nous ;
Sur ces différents mariages
Je veux avoir un mou de veau.

BOUGON, soufflant. De vous!

JULIETTE, Un mot de vous.

JOSÉPHA.

Au contraire, faisons silence
Et taisons-nous tous au plus tôt,
Car notre maîtresse s'avance.
Amis, saluons Isabeau.

ARTHURINE, à elle-même dans la coulisse.
C'est à moi, pourvu que je me rappelle. Allons! (Elle entre. Bravos. On lui jette un bouquet. Elle salue.)

BOUGON, soufflant. Ciel! mon doux sire...

ARTHURINE, déclamant.

Ciel! mon doux sire est en démence!
Il est sourd aux bonnes raisons...
Faudra-t-il donc qu'un roi de France
Soit mis aux Petites-Maisons?

(Bravos.)

UNE VOIX dans la salle. C'est très-bien! Arthurine! (Nouveau bouquet, Juliette le ra-
masse.)

ARTHURINE. Pardon, ma petite... il est pour
moi.

JULIETTE. As-tu fini... C'est Alfred qui me
l'envoie... Je le garde.

ARTHURINE. Tu me payeras ça...

BOUGON, dans le trou. Enchaînons, enchaînons... le voici !

ARTHURINE, déclamant. Le voici !...

SCÈNE II

LES MÊMES, LES DÉLASSEMENTS, en Charles VI.

ARTHURINE, allant à lui.

Bonjour, mon bon Charles...

BOUGON, soufflant.

Quoi! parler de la sorte au roi!...

ARTHURINE.

C'est ton épouse qui te parle...

BOUGON, soufflant.

Ah ! ah !

LES DÉLASSEMENTS.

Ah! ah!

ARTHURINE, avec désespoir.

Qui le guérira ?...

JULIETTE.

Moi !

(Bravos dans la salle du fond.)

BOUGON, soufflant.

Ah! faut-il qu'un mal triste et sombre...

LES DÉLASSEMENTS. Vous dites?...

BOUGON.

... Qu'un mal triste et sombre

LES DÉLASSEMENTS, répétant.

Qu'un mal triste et sombre

BOUGON.

M'arrache mes plus beaux fleurons !

LES DÉLASSEMENTS.

Lui arrache son plus beau fleuron !

BOUGON. Mais vous n'en savez pas un mot,

LES DÉLASSEMENTS, déclamant.

Mais non, je n'en sais pas un mot.

BOUGON, sortant à mi-corps. Mais ça n'est pas
ça. Enchaînons, nom d'une pipe.

ARTHUR, le frappant. Veux-tu te cacher, toi...
un' deux, t'es mort!

LES DÉLASSEMENTS, prenant le manuscrit.
J'aime mieux lire mon rôle, ça ira plus vite.
(Bravos dans la salle.)

LA VOIX. Vive le gros Charles VI...

LES DÉLASSEMENTS, déclamant.

Ah! faut-il qu'un mal triste et sombre
M'arrache mes plus beaux fleurons !
Mon front, hélas! est chargé d'ombre,
Je suis un soleil sans rayons !

ARTHUR. Ça n'est pas amusant, ça manque
de musique... animons le dialogue. (Il joue
l'air du Saltarello.)

JULIETTE, commençant par déclamer et finissan
par chanter l'air.

Je suis la douce et simple Odette,
Une pauvre fille des champs...
(Chant) Je crois acquitter une dette
En lui consacrant mon printemps.

(Tous les personnages s'animent peu à peu et se
mettent à danser.)

ARTHURINE, déclamant et dansant.

Oui, sur mon âme, mon beau sire,
Quand je te vois, quand je t'entends,
Quands tu me fais ce doux sourire,
Mon cœur a de vrais battements.

LES DÉLASSEMENTS.

Ah! sapristi ! la tragédie
Quitte les vrais sentiers de l'art,
Et ma jambe plus dégourdie
Va déclamer un pas chicard.

ENSEMBLE.

Elle est la douce et simple Odette,
Une fille de ce pays,
Qui jamais ne danse seulette
Et vous demande un vis-à-vis !

(Un spectateur déguisé monte sur le théâtre.)

LES DÉLASSEMENTS.

Écoutez.

LE SPECTATEUR.

Puisqu'avec malice,
On se paye un joyeux écart,
Il faut, sans ça c'est d' l'injustice,
Laisser l' public y prendre part.

LES DÉLASSEMENTS.

Je veux bien qu'on se mette en danse.

LE SPECTATEUR, appelant les autres.

Ohé! les autres, venez encor...

ARTHUR.

En place pour la contradanse.

BOUGON.

Mais c'est affreux !

ARTHUR.

Un', deux ! t'es mort!

ENSEMBLE.

Allons! que l'on se mette en danse !
Rien n'est ennuyeux comme l'art !
En place pour la contredanse,
Et payons-nous un pas chicard.

LE SPECTATEUR, parlé. En avant quatre!
(Tous les spectateurs en costume ont envahi la
scène. Quadrille.)

BOUGON, qui est sorti de son trou. Mais c'est
horrible! c'est abominable!...

JULIETTE. Danse donc, imbécile !

BOUGON. Eh bien! je vais danser, mais je
proteste!

QUADRILLE.

ACTE TROISIÈME

—

PREMIER TABLEAU

LA FÉERIE

Une ville des Mille et une Nuits. — Place publique. — Mosquées, bazars, etc., etc. — Un banc à droite.

—

SCÈNE PREMIÈRE

AZARIEL, DEMONIUS, *entrant chacun de son côté.*

DEMONIUS. Ah! ah!...le génie Azariel...

AZARIEL. Maître Demonius...

DEMONIUS. Tu veux donc continuer la lutte?...

AZARIEL. Le bien ne doit-il pas triompher du mal? Le prince Charmant et son écuyer surmonteront tous les obstacles.

DEMONIUS. Ils sont sortis vainqueurs des deux premières épreuves... quant à la troisième...

AZARIEL. Il s'agit d'obtenir la marguerite enchantée... ils la trouveront dans cette île...

DEMONIUS. C'est ce que nous verrons...

AZARIEL. Voici le prince Charmant suivi de son écuyer... éloignons-nous...

DEMONIUS, *à part.* Je reviendrai... (*Ils sortent.*)

SCÈNE II

LA PHOTOGRAPHIE, *en prince Charmant.* LES DÉLASSEMENTS, *en écuyer. Ils arrivent dans un char féerique.*

LA PHOTOGRAPHIE.

Air : *Polka de Denndt.*

Sois donc mon écuyer,
Ne te fais pas prier,
Près de moi viens briller
Dans la féerie avec adresse;
Dans ce genre de pièce,
Où le truc seul est roi,
Tu peux trouver, ma foi,
Des triomphes de bon aloi.

LES DÉLASSEMENTS.

Je suis ton écuyer,
Mais je me fais prier,
Je ne sais pas briller
Dans la féerie avec adresse;
Dans ce genre de pièce,
Où le truc seul est roi,
Je ne vois pas, pour moi,
De triomphes de bon aloi.

LE PHOTOGRAPHIE. Alors, tu renonces à passer la féerie en revue?

LES DÉLASSEMENTS. Je ne dis pas ça, mais j'aimerais mieux m'asseoir là, tranquillement, à l'avant-scène.

LA PHOTOGRAPHIE. Tu sais bien que ton docteur te recommande l'exercice... tu vas jouer la féerie, par ordonnance de médecin...

LES DÉLASSEMENTS. C'est donc pour cela que tu m'as affublé de ce costume?...

LA PHOTOGRAPHIE. Oui, tu es mon écuyer, mon frère de lait, parent du prince Charmant, ça doit te plaire, on va te faire des farces.

LES DÉLASSEMENTS. Oui, je connais cela les féeries, tout à l'heure je vais être changé en potiron et il m'entrera une côte dans l'œil... enfin puisqu'il le faut... où sommes-nous ici?

SCÈNE III

LES MÊMES, DEMONIUS.

DEMONIUS, *entrant en costume d'habitant du pays.* A trente-neuf-mille-six-cent-quatre-vingt-dix-neuf lieues du boulevard du Temple, à Bagdadour, ville des Mille et une Nuits et capitale des îles Fortunées...

LES DÉLASSEMENTS. Les îles Fortunées... qu'est-ce que c'est que cela?

DEMONIUS. C'est un pays gouverné par des femmes.

LES DÉLASSEMENTS. Et les hommes...

DEMONIUS. Les hommes y sont totalement inconnus, cependant on en rencontre à chaque pas.

LES DÉLASSEMENTS. Je ne m'explique pas cette contradiction.

DEMONIUS. Il y a deux cents ans le vilain sexe que nous représentons, se conduisit si mal que Salomon, roi des génies, pour le punir le frappa d'abrutissement et de mutisme et remit le sceptre du gouvernement aux femmes.

LES DÉLASSEMENTS. Sévère, le roi des génies!

DEMONIUS. A la condition qu'elles les mépriseraient et les traiteraient comme chiens, cependant les hommes s'accrurent et les femmes ne connaissant aucun moyen de les employer, s'en servirent comme des monnaies.

LES DÉLASSEMENTS. Les hommes servent de monnaie... fichtre!...

DEMONIUS. Mais le signe de cette puissance féminine est représenté par une marguerite enchantée que la reine porte toujours à son corsage... le jour où elle la perdra les hommes retrouveront la parole.

LA PHOTOGRAPHIE. C'est cette Marguerite qu'il faut que nous ayons.

LES DÉLASSEMENTS. J'y suis, et alors... mon bon Turc, vous êtes une monnaie...

DEMONIUS. Comme tous mes semblables.

LES DÉLASSEMENTS. C'est bien imaginé, mais je ne donne pas dans cette féerie-là... il est impossible que des femmes dédaignent à ce point les messieurs... ça ne s'est jamais vu, même dans mon théâtre.

DEMONIUS. Vous doutez... Eh bien, regardez.

SCÈNE IV

LES MÊMES, MIRZA, *conduisant deux hommes, puis* LA MARCHANDE DE MAIS, *puis* UN PETIT GARÇON.

MIRZA, *elle traverse le théâtre et va frapper à l'une des boutiques.* Eh! la marchande de maïs.

LA MARCHANDE, *sortant.* Que désire mademoiselle Mirza?

MIRZA. Envoyez-moi deux sacs de blé, le plus tôt possible.

LA MARCHANDE. A vos ordres.

MIRZA. Combien les deux sacs?

LA MARCHANDE. Un homme et demi.

MIRZA. En voilà deux, payez-vous et rendez-moi ma monnaie...

LA MARCHANDE, *donnant un petit garçon.* Voilà un demi homme. Merci; à une autre fois. (*Elle rentre dans sa boutique. Mirza sort avec un petit garçon. La musique cesse.*)

SCÈNE V

LA PHOTOGRAPHIE, LES DÉLASSEMENTS, DEMONIUS.

DEMONIUS. Qu'est-ce que vous en dites?...

LES DÉLASSEMENTS. Je dis que c'est indigne de faire jouer à l'homme le rôle de vil métal... et ces imbéciles-là supportent ça...

DEMONIUS. Ils n'ont pas conscience de leur position. L'enlèvement de la marguerite enchantée peut seule leur rendre l'intelligence...

LA PHOTOGRAPHIE. Mais vous?..

DEMONIUS. Moi... j'ai si longtemps servi de monnaie que la reine et son astrologue m'ont rendu quelques-uns de mes priviléges...

LES DÉLASSEMENTS. Vous avez dû avoir une singulière existence?

DEMONIUS. Jugez-en...

Air des *Méli-Mélo.*

En naissant, j'étais un lingot...
De moi que voulez-vous qu'on fasse?
Tomberai je pile ou bien face?
Suis je parure ou magot?
En louis d'or à tête blonde
A la Monnaie on me frappa.
On me désirait à la ronde
Une banquière me happa.
Avec un éclat sans pareil,
Je voyageais de caisse en caisse.
Chacun me donnait de l'altesse;
Je rendais jaloux le soleil.
Puis, je perdis de mon empire :
Je devins pièce de cent sous...
J'habitais une tirelire.
Ah! dame, j'avais des cheveux blancs.
Enfin je fus un pauvre sou,
Plein de vert-de-gris et de honte
C'est à peine encor si je compte;
Je sers d'appoint... et voilà tout!
Je suis au bout de mes voyages...
Pendant le temps que j'ai vécu,
J'ai vu, d'étages en étages,
Bien du vice et de la vertu.
J'ai retiré l'un d'un péril,
J'ai plongé l'autre dans l'abîme,
J'ai servi de prétexte au crime,
J'ai du sang!... Cela se voit-il?
Maintenant, or, argent ou cuivre,
Je retourne au creuset fatal...
On me fondra... mais pour revivre,
Pour faire le bien et le mal.
On démonétise les vieux...
Notre splendeur est éphémère;
L'homme et l'argent ont sur la terre
Le même dénoûment tous deux.

(*Bruit de cloche.*)

LA PHOTOGRAPHIE. Quel est ce signal?...

DEMONIUS. Il annonce l'ouverture du marché public.

LES DÉLASSEMENTS. Diable!... je me sauve... je ne tiens pas à ce qu'on me prenne pour un gros sou...

LA PHOTOGRAPHIE. Reste donc... N'as-tu pas un talisman qui te rend invisible?...

LES DÉLASSEMENTS. C'est juste, mon chapeau; quand je suis couvert; je ne peux pas être découvert... (*Il met son chapeau.*)

LA PHOTOGRAPHIE. On ne te voit plus.

LES DÉLASSEMENTS. Mais toi?... si l'une de ces demoiselles allait te mettre dans son porte-monnaie.

SCÈNE VI

LA PHOTOGRAPHIE, LES DÉLASSEMENTS, MIRZA, MARCHANDE DE MAIS, MARCHANDE DE CALVAS, MARCHANDE DE COUSCOUS, MARCHANDE DE TOMBÉKI. UNE MENDIANTE, HABITANTS DES ILES FORTUNÉES, HOMMES-MONNAIE.

LA PHOTOGRAPHIE. Moi, mais je suis une femme.

LES DÉLASSEMENTS. C'est vrai, je deviens bête moi. (*Demonius sort.*)

Air : *Ronde du mardi-gras* (Déjazet).

MARCHANDE DE MAÏS.

Eh ! vite au travail,
C'est le marché qu'on carillonne !

TOUTES.

C'est le marché qu'on carillonne !

MARCHANDE DE PASTILLES.

Vendons au détail
Aï !
Et pastilles du sérail.

TOUTES.

Aï !
Et pastilles du sérail.

LA PHOTOGRAPHIE.

Ah ! ah ! ah ! (*bis*)
On marchand'ra,
On s' récriera,
On s'en ira,
Mais on r'viendra...
Nous n' voulons forcer personne,
Mais, s'est-on fâché,
On pay' tout plus cher qu'au marché.

TOUTES.

On pay' tout plus cher qu'au marché.
Oui, l'on pay' tout plus cher qu'au marché.

LES MARCHANDES, *criant leur marchandise.*

MARCHANDE DE MAÏS. Mon beau maïs !...
mon beau maïs !...

MARCHANDE DE CALVAS. Mes bons calvas, ils
sont tous chauds !...

MARCHANDE DE COUSCOUS. Qui veut des bons
couscous ?...

MARCHANDE DE TOMBÉKI. Bon tombéki !... bon
tombéki. (*Tableau animé. — Les Femmes de
l'île achètent aux Marchandes et donnent les
hommes en payement.*)

UNE MENDIANTE, *aux Délassements.* Pauvre
aveugle, s'il vous plaît.

LES DÉLASSEMENTS. Je ne peux rien vous
faire, je suis invisible...

LA MENDIANTE, *à Mirza.* La charité, ma
bonne demoiselle ?

MIRZA. Voilà tout ce que j'ai de monnaie sur
moi... (*Elle lui donne le petit garçon.*)

LA MENDIANTE. Allah vous le rende !... (*Elle
s'éloigne.*)

SCÈNE VII

LES MÊMES, *moins* LA MENDIANTE. MA-
MONNA *suivie d'un Homme qui a un bandeau
sur l'œil.*

MARCHANDE DE CALVAS. Vous ne m'achetez
rien, ma mignonne ?

MAMONNA. Combien vos gâteaux de miel ?

MARCHANDE DE CALVAS. Un homme pièce.

MAMONNA. Sans marchander ?

MARCHANDE DE CALVAS. C'est un prix fait,
comme les petits pâtés...

MAMONNA. J'en prends un... (*Elle prend un
gâteau et le mange.*)

MARCHANDE DE CALVAS. Et mon argent ?...

MAMONNA. V'là... (*Elle pousse l'homme amené
par elle.*)

MARCHANDE DE CALVAS. Je n'en veux pas, c'est
une mauvaise pièce...

MAMONNA. Je viens de le recevoir...

MARCHANDE DE CALVAS. Ça m'est égal... Ren-
dez-la à celle qui vous l'a passée... et donnez-
m'en une autre...

MAMONNA. Je n'ai pas d'autre argent...

MARCHANDE DE MAÏS. Voilà comme on trompe
le pauvre monde !...

MARCHANDE DE TOMBÉKI. C'est une fausse
monnaie, ça...

TOUTES. À la garde ! à la garde !...

CHŒUR.

Air : *En voyage partons* (Délassements en vacance.)

Qu'à l'instant, sans merci,
On l'arrête ici ;
Ell' cherch' à nous tromper,
Elle veut nous duper...
Qu'on l'emmène en prison
Pour sa trahison,
Sinon,
Qu'ell' donne
Un' bonne
Raison.

MAMONNA.

N' criez pas si fort,
Je n' vous f'rai pas d' tort,
Car de rien je n' manque ;
V'là l' récépissé
D' trois cents homm's que j'ai
Déposés à la Banque.

REPRISE.

Qu'à l'instant, etc.

SCÈNE VIII

LES MÊMES, LA CAPITAINE DES GARDES.

LA CAPITAINE. Pourquoi ce tumulte ?...

MARCHANDE DE CALVAS. Mademoiselle veut nous
forcer à prendre une pièce fausse...

LA CAPITAINE. Mais non, voilà le contrôle...

MARCHANDE DE MAÏS. Regardez bien...

LA CAPITAINE, *ôtant le bandeau de l'homme.*
Ce n'est rien... (*Lui soufflant dans l'œil.*) Il y
avait une paille, voilà tout...

MARCHANDE DE CALVAS, *prenant l'homme.* C'est
égal, cette pièce n'a pas une bonne mine...

LA CAPITAINE. En voilà assez... La Reine se
dirige de ce côté... — Rentrez dans l'ordre...

LA PHOTOGRAPHIE. La Reine ? Attention !

LES DÉLASSEMENTS. Mets-toi derrière moi, je
te rendrai invisible.

SCÈNE IX

LES MÊMES, LA REINE, L'ASTROLOGUE,
QUATRE GARDES.

CHŒUR.

Air du *Duc d'Olonne.* (Auber.)

Honneur et gloire à notre reine,
Simple et bonne dans les grandeurs ;
Le sort l'a faite souveraine,
Sa vertu lui gagne nos cœurs.

LA PHOTOGRAPHIE, *bas.* Elle a sa marguerite.

LES DÉLASSEMENTS, *bas.* J'en suis enchanté !...

LA REINE. Peuple, mon astrologue a lu dans
la lune que deux monnaies étrangères avaient
pénétré dans l'île.

LES DÉLASSEMENTS, *bas à la Photographie.*
C'est pour nous, ça.

LA REINE. Elles en veulent à ma puissance...
cinquante hommes de récompense à qui les
livrera.

LES DÉLASSEMENTS. Fichtre !... je ne me
croyais pas si cher que ça.

LA CAPITAINE. Madame la Reine voudra-t-elle
bien nous donner leur signalement ?

LA REINE. C'est à mon astrologue de répondre.

L'ASTROLOGUE. L'une des deux pièces est petite, on dirait une médaille. L'effigie en est
gracieuse, et cette monnaie doit avoir cours...

LES DÉLASSEMENTS, *bas.* Elle est dans toutes mes pièces.

LA PHOTOGRAPHIE. Tais-toi donc.

L'ASTROLOGUE. La seconde monnaie est

énorme... elle est très-ronde. C'est une pièce
forte, ou une quadruple d'Espagne... Je ne
parlerai pas de la face ; quant à le pile...

LES DÉLASSEMENTS. Eh bien... l'astrologue...

LA REINE. Il a peuplé est suffisamment ren-
seigné... que mes gardes et mes sujettes se
mettent en campagne, il s'agit d'arrêter
deux coupables qui, dit toujours notre astrologue, ont l'intention de nous arracher notre
trône et de rendre à notre ville mon île son
ancienne splendeur. (*Au capitaine.*) Allez, capitaine, et veillez sur notre puissance !

LE CAPITAINE. Nous allons parcourir la ville
dans les coins... En route et vive la reine...

REPRISE DU CHŒUR PRÉCÉDENT.

(*La reine sort avec son astrologue et tous les personnages, à l'exception de la Photographie,
des Délassements, du Capitaine et des quatre
Gardes.*)

SCÈNE X

LA PHOTOGRAPHIE, LES DÉLASSEMENTS,
LA CAPITAINE, LES QUATRE GARDES.

LES DÉLASSEMENTS. Mais si nous sommes
pincés, nous sommes faits.

LA PHOTOGRAPHIE. Puisque nous sommes in-
visibles.

LES DÉLASSEMENTS. Je n'y ai pas confiance, je
te dirai... Oh ! mais... pas confiance du tout !

LA CAPITAINE. Eh bien ! gardes, vous mettez-
vous en quête ?...

PREMIER GARDE. Y tenez-vous énormément ?..

LA CAPITAINE. L'ordre est donné.

DEUXIÈME GARDE. Encore une lubie de l'astrologue...

TROISIÈME GARDE. Laissez-nous au moins finir
la partie de dés que nous avions commencée
au palais.

LA CAPITAINE. Dépêchez-vous... Les gardes
apportent le banc. Le premier et le deuxième
garde s'apprêtent à jouer aux dés, les autres
regardent.)

Air : *Rouge et noir.* (Délassements en vacance.)

PREMIER GARDE.

Reprenons notre partie,
Tous deux accordés...
Dans les corrects, je te prie,
Faisons rouler les dés.
La partie a tant de charmes,
Pour vaincre l'ennui.

PREMIER GARDE.

Qu'au jeu nous rendons les armes
Le jour et la nuit.

LES DEUX GARDES.

Eh ! morbleu !
Vive au jeu.
Quelle joie,
On s' dispute...

PREMIER GARDE, *jouant.*

Trois...

DEUXIÈME GARDE, *jouant.*

Cinq...

PREMIER GARDE, *jouant.*

Six !...

DEUXIÈME GARDE.

J'ai gagné... j'ai dit...

ENSEMBLE.

Eh ! morbleu !
Vive beau jeu.

Quelle lutte
On se dispute,
Trois, cinq, six,
Il gagne... il a dix!...

DEUXIÈME GARDE. Nous avons joué quatre hommes, paye.

PREMIER GARDE. Tu attendras bien que j'ai reçu ma solde.

DEUXIÈME GARDE. Les dettes de jeu sont sacrées...

PREMIER GARDE. Je te dois quatre hommes, ils seront chez toi demain avant midi.

DEUXIÈME GARDE. Je m'en rapporte à toi.

LA CAPITAINE. Et maintenant, en route! et gare à nos ennemis.

ENSEMBLE.

AIR : *Pif, paf, à la victoire.* (*Délassements en vacances.*)

Partons!... { Je vous } entraîne.
{ Il nous }

Cherchons les étrangers
Pour éviter à notre reine
Bien des dangers.

SCÈNE XI

LA PHOTOGRAPHIE, LES DÉLASSEMENTS.

LES DÉLASSEMENTS. Photographie?...

LA PHOTOGRAPHIE. Appelle-moi prince Charmant...

LES DÉLASSEMENTS. Prince Charmant, veux-tu que je te dise mon opinion?...

LA PHOTOGRAPHIE. Dis-là moi...

LES DÉLASSEMENTS. Tu devras nous faire sortir de cette île infiniment trop fortunée. J'ai peur d'être pincé; on ferait de moi une monnaie et je perdrais au change...

LA PHOTOGRAPHIE. Soit, cherches un moyen..

LES DÉLASSEMENTS. J'y consens. Je vais chercher une porte de sortie, je n'aime pas à m'exposer. Reste ici; je reviens avec un faux-fuyant.

LA PHOTOGRAPHIE.

AIR : *C'est moi qui suis le petit clerc.* (Chanson de *Fortunio.*)

Cherche un moyen par trop caduc,
Une ficelle adroite, un truc...
Il faut que j'en sorte
Diable m'emporte!
Le destin qui m'attend, m'effraie;
Tu m'en vois tout préoccupé;
Moi, devenir une monnaie!
Ah! de terreur, je suis frappé!...
Sauve un' victime
Que l'on décime;
Cherche un moyen par trop caduc,
Une ficelle adroite, un truc.

REPRISE.

Cherche } un moyen par trop caduc, etc.
J' cherche }

LA PHOTOGRAPHIE. On vient. C'est la reine, cachons-nous.

SCÈNE XII

LA PHOTOGRAPHIE, LA REINE, AZARIEL, *en confidence.*

AZARIEL. Votre majesté me semble toute soucieuse.

LA REINE. J'ai fait un rêve, Bauldour! un rêve étrange, un rêve qui me fait battre le cœur, et auquel malgré moi je pense toujours.

AZARIEL. Vraiment! grande reine!

LA PHOTOGRAPHIE. Écoutons.

LA REINE. Il coïncide tellement avec la découverte faite par mon astrologue : Je m'étais endormie sur mon lit de repos, tout à coup mon coffre-fort s'ouvre, et une de mes monnaies blondes à petites moustaches en sort... Elle s'anime et s'approche de moi. Que fais-tu monnaie, lui dis-je, et pourquoi ne restes-tu pas avec tes compagnes... Sans répondre, la monnaie continue de s'avancer; elle me prend la main et me regarde avec des jolis yeux bleus suppliants que je crois voir toujours.

LA PHOTOGRAPHIE. Tiens! tiens!

LA REINE. Puis elle se baisse jusqu'à ma joue, m'embrasse longuement! Oh! ce baiser, Bauldour, il m'a brûlé comme un fer rouge... J'étais émue, tremblante... je voulais parler, la repousser, et je n'avais plus la force... Mon cœur battait avec violence; soudain sa bouche s'entr'ouvrit, et à travers une rangée de dents blanches comme des perles de mon collier royal un mot passa.

AZARIEL. Et ce mot?

LA REINE. Je t'aime, disait-il; mon cœur battait plus fort. Que signifie cette parole, lui demandai-je? La monnaie ouvrait la bouche pour me l'apprendre, lorsqu'hélas! un bruit se fit et je me réveillai... Que peut vouloir dire ce mot, Bauldour, et pourquoi rien qu'en le répétant suis-je troublée et heureuse?

LA PHOTOGRAPHIE. Tiens! tiens!...

AZARIEL, *à part.* J'ai réussi! (*Haut.*) Grande reine, il ne faut pas croire aux songes. Sans doute vous devez celui-là à l'influence des monnaies étrangères; sitôt quelles seront entre vos mains le charme cessera.

LA REINE. Je l'espère...

AZARIEL. Votre majesté rentre-t-elle au palais?...

LA REINE. Non; laisse-moi, j'ai besoin d'être seule.

AZARIEL. J'obéis. (*A part.*) Allons, nous verrons si Demonius triomphera... (*Elle sort. — Musique.*)

SCÈNE XIII

LA PHOTOGRAPHIE, LA REINE.

LA REINE. Singulier rêve, je ne puis l'éloigner de ma pensée. (*Elle s'assied sur le banc.*)

LA PHOTOGRAPHIE. Grande reine!

LA REINE. Une monnaie... Et c'est moi, la reine qui fais cette trouvaille... Une pauvre diablesse aurait été si heureuse...

LA PHOTOGRAPHIE. Elle me traite comme une pièce de quatre sous...

LA REINE. Ah! mon Dieu! les étrangers signalés dans mon île.

LA PHOTOGRAPHIE. Quoi donc?...

LA REINE. La petite pièce désignée par mon astrologue...

LA PHOTOGRAPHIE. Grande reine, faites-moi grâce... je vous jure que je ne suis pas ce que vous pensez.

LA REINE. Elle parle ma langue...

LA PHOTOGRAPHIE. Ce n'est pas elle, c'est *il*... Je tiens à mon *il*...

LA REINE. Comment, vous n'êtes pas une monnaie étrangère?...

LA PHOTOGRAPHIE. Je suis un homme, un monsieur?... parole d'honneur, nà!

LA REINE. Et vous ne servez pas à payer.

LA PHOTOGRAPHIE. Pardon, nous payons, trop souvent même, mais avec du métal. (*Tirant de l'argent de sa poche.*) Avec ça... c'est un sou belge.

LA REINE. Il y a un lion dessus...

LA PHOTOGRAPHIE. C'est notre portrait...

LA REINE, *étonnée.* Ah!...

LA PHOTOGRAPHIE. Et, voyez-vous, nous autres lions, nous avons un autre emploi que celui que vous donnez aux hommes... dans votre île infortunée...

LA REINE. A quoi servez-vous donc alors?

LA PHOTOGRAPHIE. Diable!... à beaucoup de choses.

LA REINE. Instruisez-moi; depuis mon rêve, il me semble qu'il y a une infinité de choses que j'ignore.

LA PHOTOGRAPHIE. Fichtre... je ne demande pas mieux, mais...

LA REINE.

AIR de Nadaud.

Parle, j'ai besoin de m'instruire,
Ah! parle encor, parle toujours!

LE PRINCE.

Vraiment, c'est difficile à dire.
Du temps, je remonte le cours.
Jadis, l'histoire est authentique,
Ève au paradis demandait
Le mot ravissant et magique
Que, comme vous, elle ignorait.

LA REINE.

Ce mot?...

LE PRINCE.

C'est moi qui de la belle
Devins le serpent en ce jour;
A ce mot nulle n'est rebelle.
C'est...

LA REINE.

Continuez.

LE PRINCE.

C'est l'amour!

LA REINE.

L'amour, qu'est-ce donc, je vous prie?

LE PRINCE.

C'est un doux serrement de main;
Autour d'une taille jolie
C'est un bras qu'on passe soudain.
C'est un aveu que l'on murmure,
C'est un baiser que l'on ravit.

LA REINE.

Tu m'intéresses, je le jure,
Voilà mon rêve qui revit!
Parle encor, l'heure est suprême...
Que pourrais-tu me refuser?

LE PRINCE.

Que vous dire?... Un seul mot : Je t'aime!...
Et de vous qu'attendre? Un baiser!

LA REINE.

La pièce blonde, dans mon rêve,
M'a dit ce mot : Je t'aime!... Hélas!
Étranger, je t'en prie, achève;
Comme elle ne t'arrête pas.
Ce mot, le sais-tu?

LE PRINCE.

Bien suprême!
Je le sais. Lisez dans mes yeux.
Cupidon m'a donné lui-même
Le diplôme des amoureux.
Il me faut une récompense
Pour vous le dire.

LA REINE.

Que veux-tu?

LE PRINCE.

Votre talisman.

LA REINE.

Ma puissance!
Aurais-je pour rien combattu?

LE PRINCE.

Une puissance sans seconde,
C'est l'amour... la terre est à toi!
Et tu régneras sur le monde
Par l'amour, notre seul vrai roi!

LA REINE, à part.

Hélas! sa parole est sincère,
Et je me fie à son serment.
Qui me dira ce qu'il faut faire?
Dois-je y perdre mon talisman.

LE PRINCE.

Eh bien?

LA REINE.

Je suis toute tremblante!
Mais je veux tout savoir aussi.

LE PRINCE.

Eh bien?

LA REINE.

Mon Dieu! sa voix me tente!

LE PRINCE.

Eh bien?

LA REINE.

Dis-le!

LE PRINCE.

J'ai réussi!

ENSEMBLE.

LA REINE.

J'ai cédé... le démon me tente!
Ce que sa douce voix m'a dit
Me rend, hélas! toute tremblante;
Mais je sais son secret si joli!

LE PRINCE.

Elle cède toute tremblante;
Elle voulut savoir aussi.
Elle est encor plus ravissante
En sachant mon secret joli.

SCÈNE XIV

Les Mêmes, l'ASTROLOGUE, accourant.

L'ASTROLOGUE. Grande reine! grande reine!
LA REINE. Qu'y a-t-il?
L'ASTROLOGUE. Toute la monnaie de l'île est en insurrection, mais une drôle d'insurrection... Regardez, regardez... (Entrée des hommes et des femmes bras dessus bras dessous.)

CHŒUR.

Air: Notre patron possédait de la voix (Chanson de Fortunio).

Nous pourrons lire en vos yeux sans détour,
Chaque jour. (bis)

LA REINE, à la Photographie. Viens t'asseoir sur le trône; tu es roi désormais. Je ne veux plus être que ta servante... Je serai à tes pieds; mais sois tranquille, je serai plus puissante que toi. J'ai compris que notre force, à nous, est une force mystérieuse qui agit dans l'ombre.
LA PHOTOGRAPHIE. J'y suis... Elle me mènera par le bout du nez.
DEMONIUS. Quoi!... vous ne serez plus reine?
LA REINE. Je serai davantage... je serai femme.

CHŒUR.

Air: De la musique militaire (Beauplan).

Vive le roi que la reine nous donne.
Sous la couronne
Il sera très-beau, ma foi!
Quel bel emploi
Pour lui d'être roi
Et de pouvoir dicter sa loi.

DEUXIÈME TABLEAU

LE BALLET

—

SCÈNE PREMIÈRE

LE BALLET, LE JETÉ-BATTU, LA POINTE, LE BALLON, L'ÉLÉVATION.

CHŒUR.

Air: Pas des armes (Robert-le-Diable).

O moment bien doux!
Oui, préparons-nous...
Que la danse
Commence.
O moment
Charmant;
Nous allons vraiment
L'emporter à l'instant.
(Le ballet entrant.)

REPRISE DU CHŒUR.

LE BALLET, Que se passe-t-il, mes chères compagnes, et pourquoi dérangez-vous le Ballet de ses fonctions?...
LA POINTE. Maîtresse, nous recevons à l'instant la nouvelle que les Délassements, à la recherche d'un genre, vont bientôt nous visiter.
LE JETÉ-BATTU. Qu'il s'agit de triompher...
L'ÉLÉVATION. Tenez, voyez qu'on ne nous avait pas trompés, voici la Photographie qui vient nous prévenir de sa prochaine visite,

SCÈNE II

Les Mêmes, LA PHOTOGRAPHIE.

LA PHOTOGRAPHIE. Ballet, je te salue!... Tu sais ce qui m'amène?
LE BALLET. On vient de m'en instruire...
LA PHOTOGRAPHIE. Je veux que tu montres aux Délassements un ballet qui te fasse choisir par lui... C'est une minime gloire pour toi, quant à présent... Mais qui sais, petit théâtre deviens grand quand le public lui prête des bravos.
LE BALLET. Et je suis sûr de la victoire. N'ai-je pas pour moi mon passé et mes titres de noblesse? (Le Jeté-Battu, qui était sorti, revient dans ce moment.)
LE JETÉ-BATTU. Maîtresse, tout est prêt, les Délassements eux-mêmes, amoureux de ton genre, se sont décidés à remplir un rôle dans ton divertissement.
LA PHOTOGRAPHIE. Cela lui fait du bien, il a besoin d'exercice. Comment se nomme le ballet que tu vas nous offrir?...
LE BALLET. Regarde, voici l'affiche. (Une affiche sort de terre.)

LES JARDINS D'ARMIDE.

Ballet-pantomime en un tableau, mêlé de pas de trois, de quatre, de cinq et d'une foule d'incidents historiques quoique gracieux.

LA PHOTOGRAPHIE. (Les Jardins d'Armide.) Ce titre me plaît. Allons, et que mademoiselle Livry nous protége.
LE BALLET. Au ballet!...
TOUTES. Au ballet!... (Elles sortent, l'affiche disparaît. Changement.)

TROISIÈME TABLEAU

LES JARDINS D'ARMIDE

—

SCÈNE PREMIÈRE

ARMIDE (LES DÉLASSEMENTS), couchée sur un banc de gazon entourée de Jeté-Battu, de l'Élévation, du Ballon, de la Pointe (en nymphes), qui l'écoutent.

CHŒUR.

ARMIDE se réveille, elle se retire, puis se lève et rarrange sa toilette. L'Élévation lui fait comprendre qu'elle a dormi longtemps. Armide tire une grosse montre et trouve qu'elle a raison. Elle salue le public en levant gracieusement la jambe. Un écriteau descend du cintre, portant écrit le couplet suivant. (L'orchestre joue l'air, Armide mime le couplet.)

Air de Bouton de Rose.

Je suis Armide,
On me connaît par mes jardins;
Ma vertu n'a rien de timide.
Et j'aime assez les mots badins...
Je suis Armide. (bis.)

(Après le couplet, on entend une fanfare. La Pointe, qui est sortie pour voir ce que c'était, revient et annonce à haute voix:)

LA POINTE. Un étranger est entré dans les jardins, il se nomme Renaud de Montauban.

(Armide, par gestes, indique que c'est celui-là qu'elle attendait; elle fait signe de l'introduire et se retire pour mettre de l'ordre dans sa toilette.)

SCÈNE II

LES QUATRE NYMPHES, RENAUD.

(Les nymphes dansent et sèment des fleurs sous ses pas. Renaud indique que ça sent bon où il est; il demande à voir la maîtresse du lieu. La voici, indique une nymphe.)

SCÈNE III

Les Mêmes, ARMIDE.

(Armide paraît, elle fait signe à des nymphes de sortir, ce qu'elles exécutent. Renaud la regarde et jette un cri; il tire un écriteau de sa poche, sur lequel est écrit:)

Qu'elle est belle!

(De son côté, Armide en tire sur lequel est écrit

Qu'il est beau!

PAS DE DEUX. — ARMIDE tombe pâmée dans les bras de RENAUD, qui ne peut la soutenir. Alors c'est Armide qui le reçoit dans les siens, et termine ainsi la pose gracieuse du pas de deux traditionnel. — Nouvelle fanfare.

SCÈNE IV

ARMIDE, RENAUD, LES NYMPHES,
puis GODEFROY DE BOUILLON.

Qu'est-ce? demande Armide par geste.

LA POINTE. Un nouvel étranger : Godefroy de Bouillon.

Étonnement de Renaud... c'est son tuteur... Il vient sans doute le revoir à sa tendresse. Armide se retire suivie de sa femme. Renaud a promis de résister. — Entrée de Godefroy; il a un bouclier qui le gêne beaucoup. — Il fait une scène à Renaud et veut l'emmener, celui-ci refuse. Il résiste à toutes ses raisons. Alors Godefroy fait comprendre qu'il va employer les grands moyens. Il fait un signe; paraissent trois hommes et un caporal, vêtus en gardes nationaux de nos jours, qui emmènent Renaud.

SCÈNE V

GODEFROY *est resté pour aguire* ARMIDE. *Celle-ci revient. Elle est gentille, fait-il. Il veut continuer les injures. Elle lui offre à boire. Il boit; mais ce n'est pas tout cela, indique-t-il... rois. Elle lui verse encore. Il veut continuer, elle l'invite à venir s'asseoir près de lui sur le banc de gazon, et là elle lui passe la main sous le menton, de l'autre lui gratte la plume de son casque. Godefroy se laisse aller, il sourit. Elle lui verse encore, et le voilà qui tombe à ses pieds... Je triomphe, fait Armide... A ce moment revient* RENAUD.

SCÈNE VI

RENAUD, *stupéfié par ce tableau, tire un écriteau sur lequel est écrit :*

Je deviens fou!

danse le PAS DE LA FOLIE. — ARMIDE *s'est levée et a été se placer de l'autre côté du théâtre et supplie Renaud de revenir à la raison.* GODEFROY, *qui est resté sur le banc de gazon, continue de boire et finit par être ivre mort. — Renaud s'arrête; il s'évanouit. Armide appelle ses femmes, qui reviennent. Godefroy lui fait respirer son bouclier, ce qui le remet. Il se lève, ardent de vengeance... il veut tuer Armide, il tire son poignard, on le lui arrache. Alors il sort et va chercher un canon qu'il pointe sur Armide, elle se jette à genoux. Il apprête nonobstant la mèche, et au moment où il va faire partir le coup, la Photographie et le ballet paraissent.*

SCÈNE VII

LES MÊMES, LA PHOTOGRAPHIE, LE BALLET.

LA PHOTOGRAPHIE, Arrêtez! il est inutile d'aller plus loin... Les Délassements en ont assez vu pour être édifiés.

LES DÉLASSEMENTS. Oui, d'autant plus qu'il n'y avait qu'à se trouver un vrai boulet.

LA PHOTOGRAPHIE. Nous voici à la fin de ton voyage, dis ton opinion maintenant.

LES DÉLASSEMENTS. Mon opinion... dame! tout cela est très-bien, mais j'avoue que je suis toujours aussi embarrassé qu'au départ.

LA PHOTOGRAPHIE. Eh bien! je vais te montrer où t'auraient conduit tes goûts doctoraux, si je t'avais laissé faire.

DÉLASSEMENTS. Où donc.

LA PHOTOGRAPHIE. A l'enfer des lionnes.

LES DÉLASSEMENTS. Qu'est-ce que c'est que l'enfer des lionnes?

LA PHOTOGRAPHIE. Un endroit charmant où monsieur Desgenais ne leur dit pas d'insolences, mais où on les punit.

LES DÉLASSEMENTS. Et comment les punit-on?

LA PHOTOGRAPHIE. Par la satiété des plaisirs... Ce qu'elles ont fait sur terre, elles le font alors perpétuellement... Bal, champagne, jeux, folles amours, elles sont condamnées aux orgies éternelles.

LES DÉLASSEMENTS. Diable! c'est la peine du Talion... Je ne suis pas fâché d'assister à cette petite séance vengeresse... Photographie, allons voir punir les demi-mondaines... (*Ils sortent. Changement.*)

QUATRIÈME TABLEAU

L'ENFER DES LIONNES

—

SCÈNE PREMIÈRE

EVE, ASPASIE, PHRYNÉ, NINON DE L'ENCLOS, MANON LESCAUT, CLÉOPATRE, MARGUERITE, DIANE DE LYS, ALBERTINE, LOLA MONTÈS, CAMELLIA, COURTISANES.

Au lever du rideau, ces personnages sont gracieusement couchés dans toutes les parties du décor, et sommeillent bercés par une suave mélodie. Bientôt après accourent les Délassements, poursuivi par des démons.

SCÈNE II

LES MÊMES, LES DÉLASSEMENTS, ASMODÉE, FARFADET, DJINN, BELPHÉGOR, BELZÉBUTH, DIABLOTINS.

CHOEUR.

Air de *Robert le Diable.*

Qu'on entraîne
Ce sans gêne,
Qu'il comprenne
Ses torts,
Et sans rire,
Se retire
De l'empire
Des morts.
Vil esclave!
Il nous brave
Pas de grâce,
Remords.
Plus de grâce,
Qu'on le chasse,
C'est sa place
Dehors.

LES DÉLASSEMENTS.

RÉCITATIF.

AIR : *Nouveau refus encor.* (Part du Diable.)
Ah! monsieur Farfadet, monsieur Belzébuth!
Allez au diable, avec toutes vos simagrées,
Car lui-même, Satan, m'a donné nos entrées.
M'instruire à votre école est mon unique but.

ASMODÉE.
D'où vous vient, s'il vous plaît, cet appui secourable?

SCÈNE VIII

LES MÊMES, SATAN, LA PHOTOGRAPHIE.

SATAN, *entrant appuyé sur l'épaule de la Photographie.*

De la photographie, invention du diable,
Qui vient étudier l'enfer;
Que mon nouvel empire à vos yeux soit offert!

Air : *Asmodée.* (Part du Diable.)

BELZÉBUTH.

Rêver est doux,
Mais mon courroux
Dit : Levez-vous!...
Venez à nous.
Votre désir
Est de dormir.
Pas de loisir...
Vite au plaisir!
Que vos beaux jours
Aient encor cours;
Que vos amours
Durent toujours.
Sombres destins,
Que vos festins,
Que vos refrains
N'aient pas de fins.
Courtisanes,

LA PHOTOGRAPHIE.

A quel supplice, hélas! tu les condamnes!

LES DÉMONS.

Courtisanes!

(*A l'appel de Satan, toutes les femmes se sont réveillées et sont descendues.*)

SATAN.

Maintenant, moment solennel,
Nous allons passer à l'appel
Des ces beautés, qui, dans le monde,
Donnaient leur amour à la ronde,
Depuis Athène, au ciel serein,
Jusqu'au Paris contemporain
De la Grecque à prix d'or à la biche si chère...
Écoutez l'appel de vos noms,
Nous commençons (*bis*).

(*Asmodée donne à Satan une longue liste, qu'il lit, pendant la reprise en sourdine à l'orchestre du motif : Rêver est doux. Chacun des démons désigne les femmes appelées par Satan.*)

SATAN, parlé. Aspasie, Phryné, Lola Montès, Ninon de Lenclos, Cléopâtre, Eve, Marguerite, Diane de Lys, Albertine, Fanny...

(*Reprise du motif.*)

Rêver est doux;
Mais mon courroux
Dit : Levez-vous,
Venez à nous.
Votre désir
Est de dormir,
Pas de loisir
Vite au plaisir!
Cœurs profanes,
Que vos beaux jours
Aient encor cours,
Que vos amours
Durent toujours.
Sombres destins!
Que vos festins,
Que vos refrains
N'aient pas de fins.

LES DÉMONS.

Courtisanes!... (*ter*)

LES DÉLASSEMENTS, *à Satan.*

Mais, vous passez plus d'un objet aimé...

SATAN.

Le reste ne vaut pas l'honneur d'être nommé.

AIR : *A ces accords religieux.* (Domino Noir.)

ASPASIE.

Grâce pour nous!... c'est nous briser!...

PHRYNÉ.

Pitié (*bis*) pour nos amours coupables!...

LAÏS.

Plutôt la mort!...

NINON.

Plaisir, tu nous accables!...

MARION DELORME,

Dans l'éternel oubli laisse-nous reposer...

TOUTES.

Grâce!.. c'est nous briser!..

BELZÉBUTH.

Air : *Heureux qui ne respire.* (Domino noir.)

Non, vous n'êtes plus faites
Pour les calmes loisirs,
Continuez vos fêtes
Reprenez vos plaisirs...
Votre peine éternelle
C'est de goûter toujours
L'ivresse criminelle
De vos tristes beaux jours.

MANON.

Revivre une telle existence...

MARGUERITE.

Se voir rassasier d'un plaisir incessant,

DIANE.

Assez de grâce, assez!...

ALBERTINE.

Rendez-nous l'espérance...

FANNY.

Le repentir, hélas! est-il donc impuissant

ENSEMBLE.

LES FEMMES,

Assez, de grâce, assez!.. rendez-nous l'espérance...
Le repentir hélas! est-il donc impuissant!

LES DÉMONS,

Votre peine éternelle
C'est de goûter toujours
L'ivresse criminelle
De vos tristes beaux jours.

SATAN,

Récitatif.

Que la séance
Recommence!..

ASMODÉE,

Monsieur peut-il rester?..

SATAN,

Soit, en changeant d'habit,
Qu'il prenne d'un démon le costume et l'esprit!..
(*Les Délassements sortent avec un démon*).

SCÈNE IV

LES MÊMES, *moins* LES DÉLASSEMENTS.

AIR : *Enfant prodigue.*

LES DÉMONS, *présentent des miroirs à Aspasie,
Phriné, Laïs, Ninon, Marion et autres femmes.*

Admirez vos grâces,
Vos dents, votre œil noir...

LES FEMMES.

Ah! nous sommes lasses
De toujours nous voir.

LES DÉMONS.

Souriez, mes belles,
Le miroir vous sourira.

LES FEMMES.

Nous sommes rebelles
A ce plaisir-là.

ENSEMBLE.

Ah! ah! ah!
Ah! ah! ah!
Ah! ah! ah!

MÊME AIR :

LES DÉMONS.

Voici de la poudre
De riz et du blanc...

LES FEMMES.

Il faut nous résoudre
A ce faux semblant.

LES DÉMONS.

Mettez-vous des mouches,
Votre teint sortira mieux.

LES FEMMES.

Souriez nos bouches...
Et pleurez nos yeux.

(*Les femmes se maquillent pendant que les démons
tiennent les miroirs.*)

ENSEMBLE.

Ah! ah! ah! ah! ah!

SCÈNE V

LES MÊMES, LES DÉLASSEMENTS, *en diable.*

AIR : *Final du deuxième acte du Cheval de
Bronze* (AUBER).

LES DÉLASSEMENTS.

Me voici de retour.

SATAN.

Bien. Prenez ces trésors...
Princes russes, nababs, coulissiers et milords
Les auraient déposés aux pieds de cette biche...
(*Il désigne Albertine.*)
Lasse de s'enrichir, qu'elle soit encor riche...

LES DÉLASSEMENTS.

Très-bien!
Ça n' me coûte rien...
(*A Albertine.*)
Tous ces trésors, ma belle impure,
Tous ces louis, tous ces bijoux,
Prenez-les tous;
Ce beau collier, cette parure,
Ces bracelets, ces chaînes d'or,
Prenez encor...
(*Albertine prend avec lassitude tout ce que les
Délassements lui offrent.*)
Vous rechignez, mais je vous jure
Que, pour ma part, si je pouvais
J'en garderais...
De tout donner j'ai des regrets.

ASMODÉE *à Fanny, qui a pris une tapisserie et brode.*)
Mêlez-vous donc au gai bercail,
Tout au plaisir, rien au travail!
(*Il lui arrache sa broderie.*)

BELPHÉGOR, *à Aspasie, Phryné et Laïs.*
Place aux cornets, et que l'on joue.
Les parieurs sont accordés;
Roulez les dés...

ASPASIE, PHRYNÉ, LAÏS, *jouent.*
Jouons de l'or...
Encor...
Jouons encor!...

LES DÉMONS, *à Ninon, Marion et Manon.*

A nos baisers rendez la joue,
Que vos regards soient pleins de feu,
Aimez morbleu!

NINON, MARION, MANON.
Aimons! aimons!
Charmons!
Aimons!

DJINN, *à Marguerite, Diane et Fanny.*
Vive l'aï, ce vin qu'on loue!...
Videz, avec de gais refrains,
Vos verres pleins!...

*Coup de tam-tam, les femmes remplissent des coupes,
on verse du champagne, les unes chantent, d'autres dansent.*)

MARGUERITE, DIANE, FANNY.

Buvons (*bis*).

TOUTES.

Chantons...
Dansons...

CHŒUR.

L'ivresse et la folie
Partagent { nos / vos } loisirs,
Que la vie est jolie
Au milieu des plaisirs.

(*Aspasie, Phryné et Laïs sont forcées de jouer. Ninon, Marion et Manon subissent les agaceries des
démons. Marguerite, Diane et Fanny sont con-
traintes à vider sans cesse des coupes de champagne; Albertine et les autres dansent et chantent.*)

ALBERTINE.
Grâce! nous succombons...

SATAN.
Pas un instant de trêve.
Le jour, la nuit surtout, le plaisir seul est roi...
Que votre chatiment s'achève;
Du destin subissez la loi.

LES DÉMONS.

Aimez,
Jouez,
Buvez,
Chantez,
Dansez!

LES FEMMES.

Aimons,
Jouons,
Buvons,
Chantons,
Dansons.

CHŒUR.

L'ivresse et la folie, etc.

(*Les femmes jouent, boivent, chantent et dansent,
sous l'injonction des démons. Un diable immense apparaît au fond, amenant de nouvelles
victimes qu'il tient par les cheveux. Flammes,
bruits de chaînes, fleuve de feu. Tableau final.*)

FIN.

Paris. — Typographie Morris et Comp., rue Amelot, 64.